돈의 심리 완전 정복

멘탈리스트 다이고 지음

나지윤 옮김

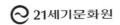 21세기문화원

이 책을 읽으면
돈이 모이기 시작하고
인생은 날개를 펼치리라

머리말

당신의 현재 소득은 무엇으로 결정될까?

학력, 지능?
행동력, 소통 능력?
아니면, 운?

어느 정도는 모두 필요하다. 하지만 그 어느 것도 당신의 소득을 결정짓는 요소는 아니다.

그렇다면 답은 무엇일까?
소득을 결정짓는 요소, 그것은 바로 '머니 스크립트'다.
머니 스크립트(money script)란 인간의 잠재의식 속에 내재된 돈에 대한 심리나 생각, 태도를 말한다. 한 마디로 '돈에 대한 마인드 셋(mindset)'인 셈이다.

다음 두 사람은 서로 다른 머니 스크립트를 가지고 있다. '돈 버는 체질', 즉 부자가 되기 쉬운 유형은 누구일까?

A: 자유를 얻으려면 돈이 필요하다. 일확천금을 노리는 대신 꾸준히 저축하고 투자해서 돈을 모아야 한다.

B: 돈벌이는 악이다. 부자는 대개 부정한 방법으로만 부를 축적한다.

대충 짐작이 갈 것이다. 그렇다. 돈 버는 체질은 A다.

이처럼 돈에 대해 생각하는 방식이 바로 머니 스크립트다. 머니 스크립트는 크게 두 가지로 나뉘는데, 부와 연관된 머니 스크립트와 가난과 연관된 머니 스크립트다. '머니 스크립트에 따라 소득 수준이 좌우된다'는 연구 결과도 있을 만큼 부와 연관된 머니 스크립트야말로 부자가 되는 열쇠다.

그렇다면 가난과 연관된 머니 스크립트를 가진 사람은 어떤 인생을 살게 될까? 이들의 삶은 밑 빠진 독에 물 붓기와 같다. 이유는 간단하다. 죽도록 일해도 돈이 술술 빠져나가 빈곤의 늪에서 벗어나지 못하기 때문이다.

머니 스크립트란?

돈에 대한 「생각」과 「가치관」

부자가 되는 머니
스크립트를 가진 **A**

가난해지는 머니
스크립트를 가진 **B**

아무리 노력해도
돈이 모이지 않는다

순조롭게 돈을
저축해 나간다

평생 풍요로운
삶이 보장된다

부자 체질

평생 돈에 대한
불안감에 시달린다

가난 체질

이 책에는 미국 크레이튼 대학의 금융 심리학 교수 브래드 클론츠(Brad Klontz)와 그의 아버지이자 역시 금융 심리학의 대가 테드 클론츠(Ted Klontz)의 연구 결과와 미국 캔자스 주립대학 연구팀이 정리한 자료, 해외의 다양한 문헌, 일본의 데이터, 마지막으로 나의 지식과 경험이 녹아들어 있다.

이 책의 목적은 간단하다. 사람들에게 돈을 모아 부자가 되는 비법을 전수하는 것이다. 방법 역시 간단하다. 여기서 알려 주는 부자 머니 스크립트를 익히기만 하면 된다.

인생을 바꾸는 습관은 하루아침에 이루어지지 않는다. 날마다 뼛속까지 부자 습관을 아로새기는 수밖에 없다. 그것이 돈의 심리, 즉 머니 스크립트를 완전히 정복하는 길이다.

비슷한 경력인데도 왜 나는 남과 수입 및 저금이 다를까? 이 책에 그 답이 있다. 아래의 고민을 가진 분들이라면, 이 책을 꼭 읽어 보기 바란다.

- 아무리 노력해도 생각만큼 돈이 모이지 않는다.
- 경제 서적이나 자기계발서를 열심히 읽어도, 소득과 저축 은 제자리걸음이다.
- 저성장 사회라 앞으로 소득이 걱정되는데도, 뭘 어떻게 해야 할지 막막하다.

이런 고민을 하고 있는가? 감히 단언하자면 그 원인은 당신이 가난해지는 머니 스크립트를 갖고 있기 때문이다. 그렇다고 너무 자괴감에 빠지지는 말자. 다들 그러니까. 부자가 되는 머니 스크립트를 익히는 방법은 학교에서 가르쳐 주지 않는다. 경제 서적이나 자기계발서를 아무리 열심히 읽어도 나오지 않는다. 살면서 누구도 가르쳐 주지 않으니, 당신의 금전관이 왜곡돼도 전혀 이상한 일은 아니다.

인간의 잠재의식에 내재된 머니 스크립트

그렇다면 애초에 머니 스크립트는 어떻게 만들어질까?

학교 수업?
지금까지 읽은 책?
돈과 관련된 경험?
TV나 신문 등 언론 매체?

가장 큰 영향을 주는 것은 뭐니 뭐니 해도 우리를 둘러싼 환경이다. 특히 부모의 영향은 절대적이다. 부모님께 다음과 같은 금전 인식을 물려받은 사람은 지금 돈에 쪼들리면서 미래의 불안감으로 괴로워할 공산이 크다.

✕ 돈만 있으면 문제가 해결된다.

✕ 돈 얘기를 하는 건 점잖지 못하다.

✕ 성실하게 일하면 돈은 저절로 들어온다.

✕ 적은 돈으로 생활하는 게 정의롭다.

✕ 인생은 짧으니 미래를 대비하기보다 현재를 즐긴다.

✕ 착하게 살면 돈 문제는 저절로 해결된다.

✕ 남을 위해 돈을 베푸는 것은 마땅히 해야 할 일이다.

여기까지 읽고 '나랑 비슷한데…'라고 생각했다면 돈을 모으지 못하는 가난한 체질일지도 모른다.

만일 위와 같은 머니 스크립트를 갖고 살면 어떻게 될까?

아무리 노력해도 돈이 모이지 않고 저축은 엄두도 못 내며 늘 돈에 전전긍긍하며 살아간다. 최악의 경우 도박에 빠져서 패가망신을 자초하기도 한다.

문제는 이뿐만이 아니다.

앞서 말했듯이 우리는 가정에서도 학교에서도 직장에서도 돈에 대한 제대로 된 교육을 받지 못했다. 수많은 사람의 머니 스크립트가 왜곡된 이유도 여기에 있다. 가난해지는 머니 스크립트는 자녀들에게까지 고스란히 계승되어 당신 인생뿐 아니라 자녀들 인생까지 영향을 끼친다.

그렇다면 당신이 해야 할 일은 명백하다. 가난해지는 머니 스크립트를 지금 당장 바로잡는 것이다. 자신뿐만 아니라 애들까지 가난의 늪으로 빠져들기 전에!

돈이 점점 줄어드는 구조를 개선하라

모두 알다시피 우리 사회는 저성장의 늪에 빠진 지 오래다. 아무 대비 없이 일상을 보내다 보면 언젠가 가진 돈은 점점 줄어들 게 불 보듯 뻔하다.

다음과 같은 국세청과 재무성의 자료가 있다.

- 평균 연소득
  1997년 467만 엔, 2020년 433만 엔(↓34만 엔)
- 세금과 사회보험료 부담률
  1997년 36.3%, 2022년 47.9%(↑11.6%)

놀랍게도 평균 연봉은 낮아지고 각종 세금과 사회보험료 부담률은 올라갔다. 수중에 들어오는 돈이 줄어들었다는 말이다. 이런 상황에서 돈을 모으기는 만만한 일이 아니다.

실제로 금융홍보중앙위원회 자료에 따르면, '금융자산이 제로'인 비율은 일본인 전체 중 25.8%에 달하고, 20대로 범위를 좁히면 38.5%에 달한다(2021년 기준). 또한 20세 이상 70세 미만의 독신자로 범위를 좁히면, 보유 자산의 평균은 50만 엔(2020년 기준)이다.

정말 충격적인 결과가 아닐 수 없다. 하지만 앞서 언급한 '평균 연소득'와 '세금과 사회보험료 부담률'의 변화를 보면, 이런 결과가 나오는 것도 무리는 아니다.

[역자 주]

한국의 경제 지표는 다음과 같다.

• 국민 부담률(세금 및 사회 보험료 부담 수준)

  2000년 20.9%, 2022년 30.9%(↑10%)

• 소비자 물가 상승률

  2000년 2.3%, 2022년 5.1%(↑2.8%)

• 1인당 월평균 실질 임금

  2006년 271만 9000원, 2022년 327만 3000원원(↑55만4000원)

한국은 실질 임금이 꾸준히 상승했으나, 국민 부담률과 물가 상승률의 증가는 국민 경제에 큰 부담이 되고 있다. 특히 코로나 이후 임금·물가·저축 관련 경제 지표를 살펴보면, 소비자 물가 상승률은 2020년 0.5%에서 2022년 5.1%, 월평균 실질 임금 증가율은 2020년 0.5%에서 2022년 -0.2%, 가계 순저축률은 2020년 12.4%에서 2022년 9.1%를 기록했다. 갈수록 고물가와 저임금으로 저축하기가 힘들어지는 상황이다. (https://www.index.go.kr/unity/potal/main.do 참고)

그렇다면 어떻게 해야 할까? 답답한 현실을 아무리 한탄한들 달라지는 건 없다. 결국 스스로 바꿔야 한다.

그렇다면 어떻게? 내가 내린 결론은 다음과 같다.

돈에 관한 생각의 패턴이 가난과 연관되어 있다면, 그것을 부와 연관된 것으로 바꾸면 된다. 금전 인식을 변화시켜 잠재된 부를 일깨우는 것이다.

게임을 즐기듯 머니 스크립트를 바로잡아라

'머니 스크립트'라고 하면 왠지 어렵고 부담될지도 모른다. 하지만 걱정하지 않아도 된다. 게임을 즐기듯 이 책을 따라가다 보면, 마지막 장에서 당신은 부자 체질로 거듭나리라고 확신한다.

그러기에 앞서, 1장에서 간단한 진단 테스트를 해 보자. 당신이 돈에 대해 어떤 신념을 가졌는지, 요컨대 당신의 머니 스크립트가 무엇인지를 확인하는 과정이다.

2장에서는 부자가 되는 머니 스크립트 8가지를 알아본다. 돈에 대한 부자들의 생각 패턴을 머릿속에 새겨 두자.

3장에서는 당신을 궁핍한 삶으로 끌어당기는 머니 스크립트를 알아보고 그 가치관을 하나하나 깨뜨려 나간다. 자신이 가난해지는 머니 스크립트에 빠져 있지 않은지 점검해 보며 주의 깊게 읽어 보길 권한다. 여기까지 오면, 당신의 머니 스크립트는 재정비 단계에 이른 셈이다.

마지막에는 가난해지는 머니 스크립트를 올바르게 개선하는 연습지를 첨부했다. 3장까지만 읽어도 머니 스크립트를 재정비하는 데 무리가 없으나, 이 단계까지 완료하면 잠재의식에 박힌 가난한 체질을 뿌리째 제거할 수 있다. 6가지 연습을 모두 하지 않아도 된다. 틈틈이 시간 날 때마다 관심 있는 연습에 도전해 보자.

이 책을 읽으면 당신은 머니 스크립트가 완전히 개선되어 부자 체질로 거듭날 수 있으리라.

차 례

부자 체질이 되기 위한 4가지 단계

이 책을 철저히 활용해 부자 체질로 거듭나는 4단계를 소개한다. 페이지에 메모하거나 스티커를 붙이는 등 아낌없이 활용해 보자. 늘 가까운 곳에 두고 반복해서 읽기를 추천한다.

1. 자가 진단 TEST

자가 진단으로 자신의 머니 스크립트를 파악하기

우선 자신의 머니 스크립트 성향을 진단한다. 간단한 테스트이므로 부담 없이 시작해 보자. 부유한 사람들의 머니 스크립트를 확인하기 전에 자기 머니 스크립트를 미리 인지해 두면 '컬러 배스 효과'가 작동해 학습 효과가 극적으로 향상된다.

※ 컬러 배스 효과(color bath effect) : 한 가지 색깔에 집중하면 해당 색의 사물들이 눈에 띄듯 자신에게 해당하는 요소에 자연스레 주목하게 되는 현상.

2. 학습 INPUT

부자가 되는 머니 스크립트를 학습하기

인간이 하루에 선택하는 횟수는 무려 35,000번이나 된다고 한다. 부자 체질을 가진 사람은 무의식 중에 35,000회 선택을 '돈이 모이는 방향'으로 취한다. 당신이 돈에 대한 부자들의 생각 패턴을 배우고 실천하기만 해도 놀라운 효과를 얻을 수 있다.

3. 재정립 REWRITING

가난해지는 머니 스크립트에서 부자가 되는 머니 스크립트로 바꾸기

가난해지는 머니 스크립트를 지우고 그 자리에 부자가 되는 머니 스크립트를 채운다. 1의 진단 결과를 보며 [요주의 유형] 항목을 중점적으로 체크하자.

4. 연습 WORK

경제적 스트레스에 시달릴 때마다 부자 머니 스크립트 습득하기

'기본 연습', '돈을 불신하는 사람의 연습' 등 목적별로 6가지 연습이 있다. 관심 있는 주제부터 시작해 보자. 한 가지 연습만 제대로 체득해도 사고의 일대 전환을 실감하게 되리라.

제 1 장

TEST

머니 스크립트
진단 테스트

■ 내 머니 스크립트는 무엇인가

1장에서는 자신의 머니 스크립트를 알아본다. 앞서 머니 스크립트란 우리가 돈에 대한 가지는 심리나 생각, 태도라고 말했다. 부자가 되지 못하는 가난한 체질을 바꾸려면, 자신이 어떤 머니 스크립트를 가졌는지부터 파악하는 것이 제일 급선무이다.

지금부터 소개할 진단 테스트는, 부자지간인 미국의 금융 심리학자 브래드 클론츠와 테드 클론츠가 개발한 머니 스크립트 테스트를 캔자스 주립대 연구팀의 협조를 받아서 더욱 정교하게 다듬은 것이다.

32가지 질문에 직관적으로 답하기 바란다.

앞에서도 말했듯이 개인의 머니 스크립트를 형성하는 데 지대한 영향을 끼치는 요소는 외부 환경이다. 우리는 어릴 적부터 부모와 가까운 친척, 중요한 사람들, 그리고 사회로부터 돈에 대한 메시지를 얻는다. 그만큼 외적 요인이 강하므로 혼자서 아무리 골똘히 생각해도 자신의 머니 스크립트를 정확히 파악하기는 어렵다. 그래서 진단 테스트가 필요한 것이다. 내용은 무척 간단하므로 재미 삼아 하는 심리 테스트처럼 가벼운 마음으로 시작해 보자.

■ 머니 스크립트 4가지 유형

머니 스크립트는 4가지 유형으로 나뉜다.

- 금전 회피: 돈은 부정한 것이다. 인간은 검소하게 살아야 하며 필요 이상으로 돈이 많은 것은 옳지 않다.
- 금전 숭배: 돈이 많을수록 행복해진다. 돈만 있다면 상황이 더 나아질 것이다.
- 금전 지위: 인간의 가치는 그가 가진 자산으로 나타난다. 돈은 곧 힘이다.
- 금전 경계: 돈 쓰기를 극도로 경계한다. 돈이 있으면 가급적 저축한다.

위의 4가지 유형을 보고 혹시 이런 생각을 하진 않았는가?

'나는 돈에 대해 이 정도로 극단적이지 않으니, 어디에도 해당되지 않는 것 같다.'

그럴 만도 하다. 사람들 중에서 위의 4가지 유형에 꼭 들어맞는 경우는 거의 없으니까. 이 테스트는 다만 4가지 중 어느 성향에 가까운지를 알아보기 위함이다.

진단 결과 당신의 머니 스크립트가 '금전 기피 성향이 약간 있다'라고 가정해 보자. 이 유형의 특징은 '돈은 부정한 것이고 인간은 검소하게 살아야 하며 필요 이상으로 돈이 많은 것은 좋지 않다'고 생각한다.

하지만 실제로 이렇게 생각하는 사람이 얼마나 될까? 만약 있다면 금전 기피 성향이 극도로 강한 사람이리라. 금전 기피 성향이 약간 있다면, '돈에 집착하는 것은 점잖지 못하며 돈을 벌거나 돈을 불리는 공부를 할 필요까진 없다' 정도로 여긴다.

이 테스트는 자기가 속한 유형을 딱 잘라 구분한 다음 그게 좋고 나쁨을 논하기 위함이 아니다. 어디까지나 자기 금전 감각이 어느 쪽에 가까운지를 알아보는 게 목적이다.

아울러 중요한 것은 균형이 잘 잡혀 있는지 여부다. 가령 금전 경계 성향이 극도로 강한 사람은 돈을 쓰는 데 경계심이 강한 나머지 정작 써야 할 때도 쓰지 못한다. 반면, 금전 경계 성향이 극도로 약한 사람은 경계심이 약해서 불필요한 일에도 돈을 탕진하곤 한다.

요컨대 우리 대부분은 여러 가지 머니 스크립트를 동시에 가지고 있다. 자신이 가진 성향이 강하니까 나쁘고, 약하니까 좋은 건 아니라는 얘기다.

이 점을 명심하고 테스트를 시작해 보자.

• 다음 쪽의 각 문항에 아래처럼 점수를 적기 바란다.

  1점 = 매우 동의 안 함
  2점 = 동의 안 함
  3점 = 약간 동의 안 함
  4점 = 약간 동의
  5점 = 동의
  6점 = 매우 동의

• 예를 들어, '돈이 많을수록 행복해진다'는 문항이 있다. 여기에 약간 동의하지 않으면 3점, 매우 동의하면 6점이라고 적는다.

• 반복 테스트가 가능하도록 기입란은 여러 개 마련했다.

머니 스크립트 진단 테스트

1	2	3	4	5	6	7	8	9	● 1~9 합계	10	11	12
부업이나 사업을 하려면 돈이 필요하다	부자들은 탐욕스럽다	사람들은 다른 사람을 이용해 부자가 된다	나는 부를 누릴 자격이 없다	선한 사람은 돈에 집착해서는 안 된다	부자이면서 좋은 사람이 되기는 어렵다	적은 돈으로 살아가는 것은 미덕이다	돈은 사람을 타락시킨다	부자가 되면 가족이나 친구들과 멀어진다		돈만 있다면 일이 잘 풀릴 것이다	돈이 많을수록 행복다해진다	가난하면 행복해지기 힘들다

점수

2회차 테스트 후 기입란

1점=매우 동의 안 함 2점=동의 안 함 3점=약간 동의 안 함 4점=약간 동의 5점=동의 6점=매우 동의

13	14	15	16	● 10 ~ 16 합계
돈은 늘 모자란다	돈은 곧 힘이다	돈은 내 문제를 모두 해결해 줄 수 있다	돈이 있으면 자유로워진다	

17	18	19	20	21	22	23	24	● 17 ~ 24 합계
가난한 사람이 돈이 없는 이유는 돈을 가질 자격이 없기 때문이다	돈과 사랑은 동시에 얻기는 불가능하다	새것이 아니면 절대로 사지 않는다	가난한 사람은 천성이 게으르다	돈은 인생에 의미를 부여한다	내 가치는 내가 가진 순자산(저금이나 금융자산 등) 크기와 같다	최고가 아니면 가치가 없다	성공은 돈이 충분히 많다는 뜻이다	

25	26	27	28	29	30	31	32	● 25~32 합계
남에게 자기 재산과 수입을 말해서는 안 된다	남의 재산과 수입을 묻는 건 실례다	돈은 쓰는 게 아니라 모으는 것이다	만일을 대비해 돈을 저축해야 한다	인간은 돈을 위해 일하며 남에게 경제적으로 의존해서는 안 된다	저축액이 부족하지는 않은지 늘 불안하다	시간이 많이 걸려도 최상품을 찾는다	자신을 위해 돈을 쓰는 것은 사치다	

점수

2회차 테스트 후 기입란

진단 결과 기입란

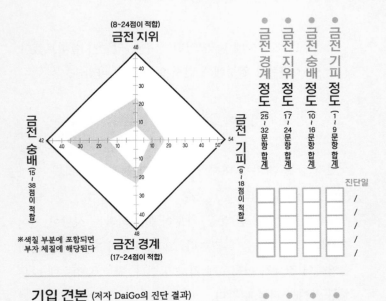

금전 지위 (8~24점이 적합)

금전 숭배 (15~38점이 적합)

금전 기피 (9~18점이 적합)

금전 경계 (17~24점이 적합)

※색칠 부분에 포함되면 부자 체질에 해당된다

● 금전 경계 정도 (25~32문항 합계)
● 금전 지위 정도 (17~24문항 합계)
● 금전 숭배 정도 (10~16문항 합계)
● 금전 기피 정도 (1~9문항 합계)

진단일
/
/
/
/
/

기입 견본 (저자 DaiGo의 진단 결과)

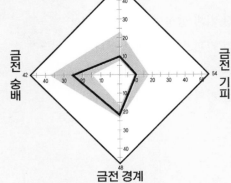

금전 지위

금전 숭배

금전 기피

금전 경계

● 금전 경계 정도 (25~32문항 합계)
● 금전 지위 정도 (17~24문항 합계)
● 금전 숭배 정도 (10~16문항 합계)
● 금전 기피 정도 (1~9문항 합계)

진단일 2024 3/ 6

| 22 | 9 | 25 | 10 |

/
/
/

■ 머니 스크립트 진단 결과

이제부터는 점수에 따라 어떤 성향이 있는지 살펴보겠다. 자기 진단 결과를 염두에 두면서 읽어 보기 바란다.

■ 금전 기피 성향이 강하면 돈을 과도하게 쓴다

먼저 금전 기피에 대해 알아보자. 결론부터 말하면, 금전 기피의 정도를 나타내는 문항인 '1~9'의 총점은 낮을수록 좋다. 점수가 높으면 돈을 과도하게 기피하는 성향이 있어 자기도 모르게 돈을 멀리한다. 그 결과 갈수록 수중에 돈이 줄어들어 경제적 어려움에 처하기 쉽다. 참고로 점수에 따른 성향 차이는 다음과 같다.

———

☐ 9~18점: 금전 기피 성향이 없다(부자 체질)
☐ 19~27점: 금전 기피 성향이 약간 있다
☐ 28~36점: 금전 기피 성향이 강하다
☐ 37~54점: 금전 기피 성향이 매우 강하다

———

□ 금전 기피 성향이 없다(9~18점)

축하한다. 당신은 아무런 단점이 없다. 돈을 지나치게 꺼리는 금전 기피 성향이 강하면 웬만해서는 돈이 모이지 않고 돈이 생겨도 눈 깜짝할 사이에 탕진해 버린다. 반대로 금전 기피 성향이 약하면 부자 체질에 해당한다. 점수가 낮게 나왔다면 금전 기피에 관해서는 아무런 문제가 없다는 뜻이다.

□ 금전 기피 성향이 약간 있다(19~27점)

금전 기피 성향이 약간 있는 사람은 돈에 대해 이야기하기를 꺼린다. 예컨대 친구와 식사할 때 자산이나 수입에 대한 주제가 나오면 슬쩍 말을 돌린다던가, 가족끼리도 돈 얘기를 직접 하지 않고 피하는 식이다.

이런 행동들이 지속해서 나타나면 어떻게 될까? 돈 문제에 무심하니 자산 관리에 게으르고, 그로 인해 돈을 늘릴 기회도 날려 버린다.

만약 돈에 대한 회피 성향이 '약간 있다'고 나왔다면 적극적으로 돈을 공부해 보자. 돈에 대한 거부감이 다소 있는 상태이므로 평균보다 한발 뒤처진 상황이다. 남들보다 열심히 돈을 배우고 돈 관련 정보를 습득해 나갈 필요가 있다.

□ 금전 기피 성향이 강하다 (28~36점)

금전 기피 성향이 강한 사람은 다른 사람과 돈 이야기를 일절 하지 않음은 물론, 자기가 가진 돈까지 외면하려는 성향이 있다. 금전 기피 성향이 약간 있는 사람보다 더욱 가계 소득 및 지출, 미래를 대비한 저축에 무관심하다.

돈 자체를 부정적으로 인식하니 스스로 돈을 멀리하는데, 그 와중에 돈이 생기면 어떻게 써야 할지 몰라 쓸데없는 낭비를 일삼는다. 이런 사람은 돈을 제대로 모을 수가 없다. 모으기는커녕 늘 손해만 본다. 당신이 여기에 해당하면 소득이 정확히 얼마이며, 어디에 돈을 지출하고 있는지부터 정확히 파악해야 한다.

□ 금전 기피 성향이 매우 강하다 (37~54점)

금전 기피 성향이 매우 강한 사람은 병적으로 지출이 많을 가능성이 높다. 시급히 머니 스크립트를 개선해야 한다. 이런 사람은 빚을 내서라도 고가의 브랜드 제품 A를 사고, 또 다른 고가의 브랜드 제품 B를 사기 위해 전당포에 A를 맡기는 등 단순한 충동구매를 넘어선 강박적 구매 행위를 일삼는다.

다음 장의 요주의에 '금전 기피 성향이 강하다'가 표시된 부분을 주의 깊게 읽어 보기 바란다.

■ 금전 숭배 성향이 강한 사람은 돈을 벌기도 쉽지만
  균형을 잃기도 쉽다

이번에는 금전 숭배 성향을 살펴보자. 금전 숭배의 정도를
나타내는 10~16번 문항의 총점은 15~38점 이내가 이상적
이다. 금전 기피와는 달리, 점수가 높다고 반드시 나쁘지는
않다. 하지만 점수가 너무 낮으면 문제가 된다. 점수에 따른
성향 차이는 다음과 같다.

□ 7~14점: 금전 숭배 성향이 없다
□ 15~30점: 금전 숭배 성향이 약간 있다(부자 체질)
□ 31~38점: 금전 숭배 성향이 강하다(부자 체질)
□ 39~42점: 금전 숭배 성향이 매우 강하다

□ 금전 숭배 성향이 없다(7점~14점)
  금전 숭배란 '돈이 있으면 자유로워진다', '돈이 많을수록
행복해진다'는 생각이다. 금전 숭배 성향이 강할수록 자유와
행복을 얻기 위해 돈을 벌려는 의욕이 높다.
  반면 금전 숭배 성향이 없는 사람은 '돈을 벌어도 행복과

자유를 얻지 못한다'고 믿기에 돈을 벌려는 의욕이 낮다.

□ **금전 숭배 성향이 약간 있다~강하다**(15~38점)

금전 숭배 성향이 약간 있거나 강한 사람은 부자 체질에 해당한다. 금전 숭배 점수는 돈을 벌려는 의욕과 직결되므로 15~38점 사이면 균형이 적당하다고 봐야 한다.

다만, 이 유형은 금전 숭배 성향이 없는 사람에 비해 상대적으로 업무에 많은 에너지를 쏟고 지출도 과도해질 우려가 있다. 이들은 돈 버는 일이 곧 자유와 행복으로 이어진다고 믿고, 그 결과 더욱 일에 몰두한다. 그러다 보니 열심히 일한 행위에 대한 보상 심리가 작동해 지출이 늘어나기 쉽다.

□ **금전 숭배 성향이 매우 강하다**(39~42점)

금전 숭배 성향이 매우 강한 사람은 돈 버는 일에 욕심이 많아 일중독에 빠지기 쉽다. 이런 유형은 일을 인생의 1순위에 두므로 가정에 소홀해져 가족들과 사이가 소원해질 위험이 높다.

또한 '돈만 있으면 자유와 행복을 얻을 수 있다'는 믿음이 지나치게 강한 나머지, 돈에 맹목적으로 의존하기도 한다. 최악의 경우, 남을 속여 돈을 빌린 다음 무리한 투자를 했다가 파산에 이르는 경우도 있으니 주의해야 한다.

■ 금전 지위 성향이 강하면 과시욕이 강하다

금전 지위 성향에 대해 알아보자. 금전 지위의 정도를 나타내는 17~24번 문항의 총점은 8~24점 사이가 이상적이다. 금전 지위 점수가 높을수록 지위나 명예를 위해 돈을 쓰는 성향이 있어 불필요한 지출이 많아진다. 점수에 따른 성향 차이는 다음과 같다.

☐ 8~16점: 금전 지위 성향이 없다(부자 체질)

☐ 17~24점: 금전 지위 성향이 약간 있다(부자 체질)

☐ 25~32점: 금전 지위 성향이 강하다

☐ 33~48점: 금전 지위 성향이 매우 강하다

☐ 금전 지위 성향이 없다~약간 있다(8~24점)

금전 지위 성향이 없거나 약간 있는 사람은 부자 체질에 해당한다. 반면 금전 지위 성향이 강하면 자기 지위를 과시하기 위해 과소비가 증가한다. 남보다 재력이 많음을 보여주려고 딱히 필요하지도 않은 브랜드 제품을 구입하거나, 고급 자동차를 구입하는 식이다. 경우에 따라 이러한 지출이 필요할 수도 있다. 하지만 금전 지위 성향이 강할수록 불필요한 과소비가 늘어나 재정 상태에 문제가 생긴다. 평소 24점을 넘지 않도록 관리하자.

□ 금전 지위 성향이 강하다(25~32점)

금전 지위 성향이 강한 사람은 자기 지위를 과시하기 위한 지출이 태반이다.

SNS에 올리려고 고가의 제품을 구입하거나, 남이 비싼 사치품을 사면 자신도 따라 사는 사람이 여기에 해당한다. 기능이나 품질보다 주변과 비교되는 희소성 때문에 가치가 생기는 재화를 '지위재'(地位財)라고 하는데, 물건뿐 아니라 사회적 지위나 명성, 연봉 등 형태가 없는 것도 포함된다. 금전 지위 성향이 강한 사람은 지위재 구매에 열을 올리는 경향이 있다. 지위재가 자신의 가치를 올려 준다고 믿는 까닭이다.

누구나 알고 있다. 지위재를 많이 소유한다고 행복이 따라오지 않는다는 것을. 일시적인 만족감은 느낄지 모르나 기분 좋은 감정도 그때뿐이다. 장기적으로 보면 경제적 삶을 망치는 소모품에 불과하다.

□ 금전 지위 성향이 매우 강하다(33~48점)

금전 지위 성향이 매우 강한 사람은 가족이나 친구에게도 차마 털어놓지 못할 지출이 늘어난다.

　이미지 좋은 선배 모습을 보여 주려고 회사 후배 10명을 비싼 술집에 데려갔다고 가정해 보자. 이것이야말로 지위재 획득을 위한 지출에 해당한다. 그가 가족에게 '후배들에게 내 능력을 보여 주려고 비싼 가게를 갔다'고 당당히 말할 수 있을까? 아마 본인도 이 사실을 인정하고 싶지 않으리라. 이처럼 금전 지위 성향이 매우 강하면 남에게 말하지 못할 지출이 점점 늘어나 금전 문제를 초래할 가능성이 크다.

■ 금전 경계 성향이 강하면 부의 축적이 곧 삶의 목적이
  된다

마지막으로 금전 경계 성향에 대해 알아보자. 금전 경계의
정도를 나타내는 25~32번 문항의 총점은 17~24점 사이가
이상적이다. 점수가 낮으면 돈을 낭비하는 경향이 있고, 점수
가 높으면 필요한 지출에도 돈을 아끼는 경향이 있다. 점수에
따른 성향 차이는 다음과 같다.

☐ 8~16점: 금전 경계 성향이 없다
☐ 17~24점: 금전 경계 성향이 약간 있다(부자 체질)
☐ 25~32점: 금전 경계 성향이 강하다
☐ 33~48점: 금전 경계 성향이 매우 강하다

☐ 금전 경계 성향이 없다(8~16점)
금전 경계 성향이 없는 사람은 돈 쓰는 행위에 대한 경계
심이나 두려움이란 게 없다. 수도꼭지를 틀면 나오는 물처럼
돈을 펑펑 쓴다. '수입이 좋으니 이 정도는 괜찮다'는 생각이
야말로 파산으로 가는 지름길(연예인 중 이런 유형이 꽤 많다)임

을 기억하자. 자신이 여기에 해당된다면 진지하게 경각심을 가질 필요가 있다.

□ **금전 경계 성향이 약간 있다**(17~24점)

금전 경계 성향이 약간 있는 사람은 부자 체질에 해당한다. 금전 경계 성향이 너무 강하면 꼭 필요한 일에도 돈을 아끼지만, '약간 있다' 정도라면 균형이 적당히 잡혀 있다고 봐도 무방하다.

이 유형은 웬만해서는 불필요한 지출을 하지 않는다. 돈 쓰는 일에 경계심이 적당히 있는 까닭이다. 바꿔 말하면, 경계심이 있지만 꼭 필요한 곳에는 돈을 쓴다는 뜻이다. 금융 투자나 자기 계발 등 미래를 위해 필요하다면 돈을 쓰므로 장기적인 관점에서 보자면 돈을 모으기도 쉽다.

□ **금전 경계 성향이 강하다**(25~32점)

금전 경계 성향이 강한 사람은 꼭 필요한 지출마저도 아낀다. 이런 유형은 금융 투자나 자기 계발이 필요할 때도 돈 쓰는 일에 두려움이 앞서 아무 행동도 하지 않는다.

'필요할 때 돈을 쓰지 못한다'는 점에서 금전 기피 성향이 강한 사람과 비슷하지만 내용은 다르다. 금전 기피 성향이 강한 사람은 돈 자체를 멀리하므로 애초부터 돈을 어떻게 써야 하는지도 모른다. 요컨대 '금융 투자나 자기 계발을 해야겠다'는 생각조차 하지 못한다는 말이다.

반면, 금전 경계 성향이 강한 사람은 돈에 대한 경계심은 강하지만, 그렇다고 돈을 싫어하지는 않는다. 이런 유형은 금융 투자나 자기 계발에 대해 생각은 하나, 막상 돈을 쓰려고 하면 두려움이 엄습하는 바람에 끝내 기회를 놓치고 만다.

돈을 쓰지 못한다는 점에서는 같지만, 쓰지 못하는 이유는 다른 셈이다. 이는 머니 스크립트를 재정립하는 과정에서 중요한 포인트가 되므로 기억해 두자.

□ 금전 경계 성향이 매우 강하다 (33~48점)

금전 경계 성향이 매우 강한 사람은 저축에 과도하게 집착한 나머지 꼭 필요할 때 돈을 쓰지 못한다.

이런 유형은 현재의 삶에 투자하는 데 극히 부정적이다. 설령 미래에 돈이 생길 예정이라도 말이다. 심지어 필요한 교육자금이나 소중한 사람에게 줄 선물 등 응당 돈을 써야 할 상황에서조차 인색한 모습을 보인다. 소비를 아끼면 저축은 많아질지 모른다. 그러나 자신이 가진 자원에 비해 극도로 지출을 아끼면 삶 자체가 가난해진다. 이런 유형은 인생에 의미나 즐거움을 주는 일에 돈을 쓰지 않으니 돈을 모으는 의미가 없다.

돈을 모은다고 부자가 되는 것도 아니다. 오히려 금전 경계 성향이 지나치게 강하면 결과적으로 부를 늘리는 기회마저 놓치기 일쑤다. 악착같이 돈을 모으기만 할 뿐 이를 활용해 돈을 불리는 방법에는 무지한 탓이다. 더 나아가 이들의 금전 성향은 가족이나 연인 등 소중한 사람과의 관계에도 악영향을 끼친다.

■ 가난해지는 머니 스크립트를 시각화한다

여기까지 왔다면 자신의 머니 스크립트가 어떤 성향인지 어느 정도 파악이 되었으리라. 점수표(46쪽)를 보고 다시 한 번 자신의 머니 스크립트를 점검해 보자. 목록에서 '✕'가 표시된 부분이 최우선으로 개선해야 할 머니 스크립트다.

가령 금전 기피 성향이 매우 강한 사람은 '✕'로 표시되어 있어 주의해야 한다. 이 유형의 특징은 돈을 천박하고 사악한 것으로 간주한다는 것이다. 그렇게 되면 어쩌다 돈이 들어와도 자신에게 돈이 있다는 사실 자체를 견디지 못한 나머지 허무하게 탕진해 버린다. 하물며 투자나 부업을 통한 수익 창출은 말할 것도 없다. 돈이 모이지 않으니 갈수록 삶은 궁핍해질 따름이다.

머니 스크립트 점수 견본표

점수	금융 기피 (1~9문항)	점수	금융 숭배 (10~16문항)
9~18	○ (적합)	7~14	△ (개선의 여지 있음)
19~27	△ (개선의 여지 있음)	15~30	○ (적합)
28~36	△ (개선의 여지 있음)	31~38	○ (적합)
37~54	✕ (반드시 개선 필요)	39~42	△ (개선의 여지 있음)
점수	금융 지위 (17~24문항)	점수	금융 경계 (25~32문항)
8~16	○ (적합)	8~16	△ (개선의 여지 있음)
17~24	○ (적합)	17~24	○ (적합)
25~32	△ (개선의 여지 있음)	25~32	△ (개선의 여지 있음)
33~48	✕ (반드시 개선 필요)	33~48	✕ (반드시 개선 필요)

참고로 앞서 공개했던 내 점수는 모든 성향에서 '적합'에 해당한다. 물론 내가 처음부터 부자 체질이었던 건 아니다. 이 책에 담긴 내용을 실천하면서 돈에 대해 왜곡된 가치관을 조금씩 바로잡은 결과다.

어려운 일이 아니다. 돈에 대한 가치관은 누구나 바꿀 수 있다. 이를 위해 가장 먼저 할 일은 진단 테스트로 자기 성향을 파악하는 것이다. 되도록 여러 번 해 보기를 권한다. 이를 위해 답안을 여러 개 만들어 놓았다.

덧붙이자면, 테스트 시기는 다음이 이상적이다.

① 이 책을 다 읽은 후(읽기 전과 점수가 달라졌으리라.)

② 이직을 고려 중일 때(부자 머니 스크립트를 익힌 후에 급여 협상을 하자.)

③ 추가 소득이 발생할 때(횡재한 기분이라 불필요한 지출을 할 수 있다. 가난해지는 머니 스크립트를 재정립하자.)

④ 생활 패턴이 바뀔 때(투자나 저축을 재점검할 타이밍이다.)

다음 장부터 '부자가 되는 머니 스크립트 8가지'를 알아보 겠다. 당신의 삶을 부유하게 바꿔 줄 생각 패턴이니, 꼼꼼히 읽어 보기 바란다.

제 2 장

INPUT

부자가 되는
머니 스크립트 8가지

■ 부자 체질이 될 토대를 만들어라

앞 장에서 소개한 진단 테스트를 통해 자신의 머니 스크립트를 어느 정도 파악했을 것이다.

돈에 대한 교육을 제대로 하지 않는 나라에는 어릴 적부터 부자 체질인 사람이 드물다. 그러니 결과 자체에 불안해하지 말기 바란다. 이제부터라도 제대로 익히면 되니까.

이번 장에서는 '부자가 되는 머니 스크립트'를 8가지로 나눠 살펴보고자 한다. 부자 체질인 사람은 어떤 생각을 가지고 어떤 행동을 할까?

과학적 근거를 바탕으로 부자 체질인 사람의 생각과 행동 패턴을 정리해 보겠다.

부자 체질이 되려면 우선 다음 단계를 밟아야 한다.

① 자신의 머니 스크립트를 인지한다.
② 부자들이 가진 머니 스크립트를 파악한다.
③ ①과 ②를 통해 부자가 되는 머니 스크립트로 정립한다.
④ 잠재의식에 내재된 가난해지는 머니 스크립트를 삭제한다. (연습)

이번 장은 단계 ②에 해당한다. 그렇다고 너무 부담 갖지는 말자. 부자 체질인 사람의 행동을 모방하는 것만으로도 상당한 효과를 얻을 테니까.

참고로 여기서 소개하는 부자 체질의 사람은 기업 대표나 유명 연예인 등은 포함되지 않는다. 그들이 부자가 된 길은 지극히 특수하므로 따라가기가 어려운 까닭이다.

여기서 소개하는 부자 체질의 사람은 어디까지나 당신 옆에 있는 '비슷한 경력을 가진 비즈니스맨'이다. 돈에 대한 불안감 없이 풍요롭게 사는 사람, 꾸준히 투자해 차곡차곡 돈을 모은 사람, 주변의 사람과 환경에 휘둘리지 않고 진정으로 가치 있는 일에 돈을 써 온 사람….

그들의 행동은 따라 하면 닮을 확률이 높다.

운과는 상관없다. 당신이 그들의 행동을 본받으면, 언젠가 부자 체질로 거듭날 것이다.

▨ 부자가 되는 머니 스크립트 ① 저축은 중요하다

[요주의 유형] 금전 기피 성향이 강하다, 금전 지위 성향이 강하다, 금전 경계 성향이 약하다

부자가 되는 머니 스크립트 첫 번째는 저축을 소중히 여기는 가치관이다. 좀 자세히 설명하면, '어려운 시기를 대비해 저축하고 꾸준히 투자도 하면서 차근차근 돈을 불려 나가는 것이 중요하다'는 생각이다.

'너무 당연한 얘기 아닌가?'라고 느낄지도 모르겠다. 그렇다면 한 가지 묻고 싶다. 사람들은 이를 당연하게 여기면서도 왜 돈을 모으지 못할까? 이유는 간단하다. '저축'을 안 하기 때문이다.

― 투자보다 저축이 중요하다

많은 사람이 말한다. 저축보다 돈을 투자하고 불리는 것이 더 중요하다고. 심지어 사업에 성공한 사람 중에는 '여윳돈이 있으면 투자에 써야 한다'고 주장하는 경우도 적지 않다. 요컨대, 제대로 돈을 벌고 싶다면 일단 가진 돈을 투자해서 돈을 불려야 한다는 얘기다.

바로 여기에 함정이 있다. 이는 평범한 비즈니스맨이 따라 할 만큼 효과적인 방법이 아니다. 대개 이런 주장을 하는 사업가들은 운이라는 요소가 크게 작용해 소위 대박을 터트린 경우가 많다. 그와 똑같은 방법으로 부자가 되는 사람은 극소수에 불과하다는 사실을 알아야 한다. 돈을 모으고 싶은가? 그렇다면 '버는 것'보다 '아끼는 것'이 더 중요하다. 이 사실은 여러 연구를 통해서 증명된 바 있다.

미국 부자학의 권위자 토마스 스탠리(Thomas J. Stanley)와 윌리엄 댄코(William D. Danko)는 1만 명 이상의 백만장자를 대상으로 그들의 소비 행동과 자산 증식을 추적 조사했다. 그 결과, 대다수가 투자보다 저축을 우선시하는 것으로 나타났다.

— 무심코 저지르는 낭비

돈을 절약하려면 어떻게 해야 할까? 방법은 간단하다. 낭비하지 않으면 된다.

이 책을 읽는 당신, 혹시 '나는 낭비하지 않고 절약하는 편이다'고 생각하는가? 많은 사람이 그렇게 생각하지만 안타깝게도 그런 인식은 대부분 착각이다. 사람들은 절약할 '생각'만 할 뿐 실제로는 낭비하고 있다.

미국 코넬대학 경제학 교수이자 행동경제학의 세계적인 권위자 로버트 프랭크(Robert H. Frank)는 이렇게 말했다.

> 절약의 중요성을 지적하면 많은 사람이 "나는 지출에 신경 쓰고 있으니, 더 이상 절약하기 어렵다"고 한다. 하지만 실제로 조사해 보면, 사람들은 신기할 만큼 쓸데없는 곳에 돈을 낭비하고 있다.

그렇다. 우리는 실제로 낭비를 많이 한다. 단지 그 사실을 인지하지 못할 뿐이다.

그럼 구체적으로 어떻게 해야 낭비를 줄이고 절약할 수 있을까? 우선 일상에서 무심코 낭비를 조장하는 4가지 함정을 인지할 필요가 있다.

── 헛된 소비의 4가지 함정

- 함정 ① 가치 판단의 기준치가 타인에게 있다: 동조 현상
- 함정 ② 지출 증가의 연쇄 작용에 휘말리다: 지출 폭포
- 함정 ③ 눈에 보이지 않는 숨은 비용 발생: 밴드웨건 효과
- 함정 ④ 속물 근성이 낳은 지출: 스놉 효과

이 4가지 함정의 존재와 대책을 아는 것만으로도 불필요한 지출을 줄일 수 있다.

— 함정 ① 가치 판단의 기준치가 타인에게 있다: 동조 현상

낭비를 조장하는 함정 첫 번째는 가치 판단의 기준치를 타인에게 두는 것이다. 이 함정에 빠지면 주변 분위기에 휩쓸려 불필요한 지출을 일삼게 된다. 이를 방지하려면 무언가를 구매할 때 주변 사람이나 환경에 휘둘리지 말고 정말 필요한 것인지, 본질적 가치가 무엇인지 유심히 따져 볼 필요가 있다.

'동조 현상'이란 심리학 용어가 있다. 사고나 행동이 타인에게 일체화된다는 뜻으로, 은연중에 주변 사람의 판단과 행동을 따라 하는 현상을 말한다. 동조 현상이 작동하면 같은 가격의 상품이나 서비스라도 누군가는 비싸다고 생각하고, 누군가는 싸다고 생각한다.

예를 들어 보자. A가 속한 회사의 동료들은 밤마다 회식하고 택시를 불러 귀가한다. A는 다른 회사에 다니는 친구 B에 이렇게 말한다.

우리 회사 동료들은 매일 회식하고 그때마다 택시를 타고 집에 가. 나는 일주일에 3번 정도만 회식 자리에 참석하고 택시도 일주일에 고작 2번만 타는데 말이야. 술값과 택시비를 합쳐 한 달에 10만 엔 정도를 쓰는데, 동료들은 20만 엔은 족히 쓸걸. 그들은 너무 낭비하는 것 같아.

그러나 돌아오는 B의 반응은 예상 밖이었다.

내가 보기엔 너도 돈을 많이 쓰는데? 난 일주일에 한 번 정도만 술을 마시고 택시는 기껏해야 한 달에 한 번 정도야. 술값과 택시비로 한 달에 2~3만 엔을 쓰는 것도 아내 눈치가 보여서 더 아껴야 할 판이지. 네 동료들이 돈을 많이 쓴다고 하는데, 내가 볼 땐 너도 만만치 않아.

A는 자신이 술값과 택시비에 돈을 낭비한다는 자각이 없다. 그도 그럴 것이, 주변에는 자기보다 술값과 택시비에 돈을 더 많이 쓰는 동료들이 있으니 말이다.

이 상황에서 벗어나려면 어떻게 해야 할까? 간단하다. 돈을 쓸 때 지출한 비용 이상의 가치를 얻을 수 있는지 살펴봐야 한다. A의 경우, 술값과 택시비로 한 달에 10만 엔을 쓴다면 그 지출로 10만 엔 이상의 가치를 얻을 수 있는지 따져 보는 것이다.

술자리를 통해 일거리를 얻거나 승진해서 연봉이 올라간다면 월 10만 엔을 지불할 가치가 있으리라. 하지만 회식 자리에서 술만 마시고 영양가 없는 수다나 떨 뿐이라면? 하다못해 업무 스트레스가 해소되는 것도 아니라면? 그저 시간과 돈과 체력만 낭비하는 꼴이 된다.

동조 현상은 모든 상품에서 발생한다. 자동차·컴퓨터·옷·명품 등. 상품이나 서비스를 구매할 때는 주변 분위기에 휘둘리지 말고 이것만 생각하자.

'정말 이 가격을 지불할 가치가 있는가?'

─ 함정 ② 지출 증가의 연쇄 작용에 휘말린다: 지출 폭포

낭비를 조장하는 함정 두 번째는 일명 '지출 폭포'에 휘말리는 것이다. 지출 폭포란 부유층이 지출을 늘리면 중산층 및 빈곤층까지 연쇄적으로 영향을 끼치는 현상을 말한다. 즉, 부자들이 지출을 늘리면 그렇지 않은 사람들 지출도 덩달아 늘어난다는 얘기다.

2023년 도쿄도 미나토구 아자부다이에 '아만 레지던스 도쿄'라는 초호화 아파트가 들어섰다. 들리는 소문으로는 가장 저렴한 매물이 17억 엔, 가장 비싼 매물은 300억 엔에 육박한다고 한다. 일반인에겐 그저 딴 세상 같은 얘기일 테지만 외국이나 일본의 슈퍼리치, 즉 초부유층들이 구매해 전 가구가 매진되었다. 자, 여기서부터 부유층 → 중산층 → 빈곤층 순으로 지출의 연쇄 작용이 일어나기 시작한다.

초부유층이 수십억 엔 이상의 아파트를 구입했다는 소식을 전해 들은 부유층. 그들은 지출 폭포의 원리에 따라 기준치가 달라진다. 어떻게? 주택 구입을 염두에 두던 부유층이 당초 5억 엔짜리 매매를 생각했다가 6억 엔으로 예산을 상향 조정한 것이다.

이처럼 부자들의 기준치가 올라가면 일반 계층의 기준치도 올라가고 연쇄적으로 소득이 낮은 계층까지 파급된다. 그리하여 모든 계층에서 지출이 늘어난다. 이 일련의 현상은 지출 폭포가 작동한 결과다.

모든 상품과 서비스에도 지출 폭포 현상이 발생한다. 흔한 예로는 'C가 브랜드 물건을 샀으니 나도 살래'가 있다. 지인이 산 것을 보고 은연중에 지갑을 열었던 적이 있지 않은가? 자기도 모르게 휘말리게 되는 것이야말로 지출 폭포의 무서운 점이다.

여기에 휘말리지 않으려면 무엇보다 지출 폭포라는 존재를 인지해야 한다. 그런 다음 동조 현상에서 설명한 것처럼 구매할 상품과 서비스의 가치를 냉정히 파악해야 한다. 구체적으로 지금 자신이 보유한 것과 객관적으로 비교해 보며 지출 폭포에 휩쓸린 건 아닌지 따져 보자.

당신이 새 가방을 구입한다고 해 보자. 구매하기 전에 당신이 지금 가진 가방의 가격을 떠올려 보라. 가령 새 가방이 20만 엔이고 지금 가진 가방이 2만 엔이라면 가격 차이는 10배다.

지출 폭포

여배우 A,
IT기업 사장과
1억 엔 호화판
결혼식!!

연소득 합계
2,000만 엔
고소득 커플

결혼 비용은 300만 엔
정도로 예상했지만 500만
엔은 필요할지도 몰라.

연소득 합계
600만 엔
커플

레스토랑에서 식사할
예정이었지만 아무래도
호텔 식장을 예약해야
하지 않을까.

모든 계층에서 지출이 늘어난다

이제 스스로 질문을 던져 볼 차례다. 지금 사용하는 가방과 비교했을 때 새 가방이 과연 10배의 가치가 있는지를. 만일 10배의 가치가 명확히 떠오르지 않는다면, 그저 '친구도 이 가방을 드니까', '요즘 유행이니까', 'SNS에서 연예인이 들었을 때 예뻐 보여서' 같은 생각이 떠오른다면, 당신은 십중팔구 지출 연쇄에 휘말린 것이다.

— 함정 ③ 눈에 보이지 않는 숨겨진 비용의 발생: 밴드웨건
효과

낭비를 조장하는 함정 세 번째는 눈에 보이지 않는 숨겨진
비용인 '밴드웨건 효과'다. 행동경제학 용어인 밴드웨건 효
과는 다수가 취하는 행동이 옳다고 생각하고 따르는 현상을
말한다. 설령 그 행동이 비합리적이어도 이에 동조하고 잘못
된 방향으로 나아간다.

마치 신호등이 빨간불이라도 다 같이 횡단보도를 건너면
괜찮다고 생각하는 심리와 같다.

A라는 사람이 도쿄 도심에 집을 구한다고 가정해 보자. 집
을 알아보기 시작할 때만 해도 도심에서 멀리 떨어진 외곽에
4,000만 엔 안팎의 단독주택을 고려 중이었다. 직장은 도심
에 있지만, 평균보다 일찍 출근하므로 붐비는 전철로 고생할
일은 없다. 출퇴근이 큰 변수가 아니기에 굳이 도심에서 살
필요가 없고, 어린 자녀가 있어 소음 문제를 생각하면 단독
주택이 낫다고 생각했다.

하지만 회사 동료나 대학 동창 등 주변 사람들에게 이 이야
기를 했더니 돌아온 대답들은 의외였다. "편의성도 그렇고

이왕이면 도심에서 살아야지.", "요즘은 아파트도 방음이 잘 되는데 군이 외곽에 단독주택을 살 필요가 있을까?" 등등.

결국 마음이 흔들린 A는 예산을 5,000만 엔으로 늘려 도심에서 가까운 곳에 아파트를 샀다.

누구나 한 번쯤 있으리라. 주변 사람들 의견에 영향을 받아 자기도 모르게 무언가를 구입한 경험 말이다. 자기 판단이 아니라 다수 의견에 따라 소비하고 행동하는 것이 바로 밴드웨건 효과다.

출퇴근과 자녀라는 변수를 고려하면, A에게는 교외 단독주택이 최적의 해답이었을 터다. 하지만 그는 그러지 않고, 다수 의견에 따라 예산을 늘려 도심 아파트를 구입했다.

예산이 늘어났다는 사실 하나만으로도 그는 예상보다 많은 지출을 한 셈이다. 하지만 더 무서운 사실이 있다. 바로 '보이지 않는 숨은 비용'이 발생했다는 것이다.

A는 지인과 친구들 말을 듣고 집을 구입할 예산을 늘렸다. 그 결과 초과된 예산이 1,000만 엔. 주택담보대출금(전 기간 고정, 이자율 2%, 대출 기간 30년)으로 환산하면 매달 내는 돈이 3.7만 엔 더 늘어난다. 월 3.7만 엔이라는 돈은 무엇인가. 애당초 A가 자녀 교육비나 교통비, 여가비 등 다른 생활비로 쓸 수 있었던 돈을 주택자금으로 돌린 것이다.

A는 매달 3.7만 엔을 충당하기 위해 노동시간을 늘려야할지 모른다. 그러다 과로로 건강에 이상이 생기면 추가 의료비가 발생한다. 노동시간을 늘리지 않고 위험한 투자 혹은 도박에 빠져든다면 더 많은 돈을 잃게 되리라.

그렇다. A는 불필요한 지출을 늘렸을 뿐만 아니라 눈에 보이지 않는 숨은 비용까지 부담할지도 모를 상황에 처하게 된 것이다.

이를 방지하려면 어떻게 해야 할까? 돈을 쓸 때 '숨겨진 비용'을 생각하자. A의 경우, 남들 말에 휩쓸려 덜컥 예산을 올리다 보니, '불필요한 의료비', '리스크 높은 투자로 인한 손실' 등 숨겨진 비용이 발생할 가능성이 커졌다.

- 남들 말에 휩쓸려 무리한 구매를 하고 있는가?
- 당장 눈앞의 물건을 구입하고 나면 상황이 어떻게 달라질까?
- 직접적인 지출 이외에 나에게 돌아올 부정적인 영향은 없는가?

3가지를 의식하기만 해도 밴드웨건 효과의 함정에 빠질 위험이 현격히 줄어든다.

— 함정 ④ 속물근성이 낳은 지출: 스놉 효과

낭비를 조장하는 함정 네 번째는 스놉 효과다. '스놉(snob)'은 잘난 체하는 속물을 뜻하는데, 스놉 효과란 많은 사람이 가진 것을 피하고 희소성 있는 서비스나 상품을 구매하려는 심리를 말한다. 요컨대 '나는 남들과 다르다. 나는 특별한 사람이다'를 알리고 싶은 허세 및 속물근성이 낳은 지출로, 지위재를 얻기 위해 돈을 지불하는 행위가 이에 해당된다.

인플루언서들이 고급 레스토랑에서 1인당 8만 엔짜리 메뉴를 주문하고 친목 모임을 했다. 음식을 즐기기 위해서라면 무슨 문제가 있을까. 하지만 SNS에 사진을 올려서 고급 레스토랑에서 값비싼 식사를 했다고 과시하기 위함이라면? 이것이야말로 속물근성이 낳은 지출이다.

거듭 강조하건대, 남보다 우월함을 자랑하기 위한 지출은 웬만해선 멈추기 힘들다. 갈수록 통장 잔고만 바닥날 뿐이다.

요즘 사람들이 애용하는 스마트워치도 우월함을 과시하는 지위재가 될 수 있다. '기능성이 좋아서', '건강을 위해 운동과 수면 기록을 남기고 싶어서', '기존 시계가 낡아서' 등의 이유라면 괜찮다. 하지만 단지 '남들보다 돋보이고 싶어서', '우월해 보이고 싶어서'가 이유라면 전형적인 낭비다.

스놉 효과에 빠지지 않으려면 어떻게 해야 할까? 그 물건이 나에게 꼭 필요한 것인지 냉정하게 판단해야 한다. 구매하려는 이유가 '친구나 지인보다 잘나 보이려고', '다 갖고 있는데 나만 없어서'인가? 그렇다면 속물근성이 낳은 전형적인 지출이다. 돋보이고 싶어서 끝없이 돈을 써도 인간이란 존재는 만족하지 못하는 법이다.

기억하자. '나만 없으면 남들에게 무시당한다'는 건 오직 나만의 착각일 뿐임을!

— 부자 체질의 토대 '절약 → 저축(꾸준한 투자)'

'부자가 되는 머니 스크립트 ① 저축은 중요하다'를 간단히 정리해 보자.

부자 체질의 기초는 '절약 → 저축(꾸준한 투자)'을 하는 것이다. '투자 → 수익 창출'이라는 생각은 버리자. 부자들은 사물의 본질을 꿰뚫는 통찰력을 가지고 있어 본능적으로 낭비를 피한다.

[요주의 유형] 모든 타입

부자가 되는 머니 스크립트 두 번째는 '어려운 사람에게 베푼다'는 생각이다. 이때 주의할 점이 있다. 무작정 돈을 건네라는 게 아니다. 상대에게 유용한 지식이나 정보를 제공하라는 뜻이다.

자신이 가진 자원(정보·노력·시간·인맥 등)을 상대에게 베풀어 도와주기. 이것이야말로 '어려운 사람에게 베풀기'에 해당하는 머니 스크립트의 본질이다.

― 돈벌이 = 어려운 사람 돕기

무슨 일을 하든지 연간 200만 엔을 벌어야 한다면 당신은 가장 먼저 무엇을 할 것인가? 대부분 부업이나 창업, 투자를 떠올리며 돈을 벌 방법을 궁리하리라.

하지만 여기서 간과하는 게 하나 있다. 중요한 것은 '돈을 버는 방법'이 아니다. 당신이 가장 먼저 생각해야 하는 건 '도움이 필요한 사람은 어디에 있는가', '내가 어떻게 도울 수 있는가'이다.

돈을 버는 행위의 본질은 '어려운 사람을 돕는 것'이다. 입에 발린 소리가 결코 아니다. 거대한 부를 축적한 사람이 돈을 벌 때는 '남에게 도움을 준다'는 전제가 깔려 있다. 내 사례를 예로 들어 보겠다.

나는 'D랩'(D ラボ)이라는 유튜브 채널을 개설해 다음과 같은 콘텐츠를 제공한다.

- 피곤해도 집중하게 만드는 '몰두 뇌' 만드는 법
- 인간관계에 능숙해지는 5가지 비법—이직과 전근이 더 이상 두렵지 않다!
- 후회하는 이직의 특징
- 하버드에서 연구한 '직장 내 인간관계'를 돈독하게 만드는 4가지 단계

타이틀을 보면 짐작이 가겠지만, 고민거리를 가진 사람에게 해결책을 제시하는 내용이 대부분이다.

어떤 사람들이 내 채널을 구독하고 유료 회원에 가입할까? 내 조언을 듣고 도움이 되었거나 도움을 받고자 하는 경우가 아닐까 싶다. 만일 나에게 '어려운 사람에게 무언가 도움이 되겠다'는 생각이 없었다면? D랩은 그저 내가 하고픈 말만 일방적으로 떠들어 대는 자기중심적인 콘텐츠가 되었으리라.

이 책도 마찬가지다. '돈을 모으고 싶은데 방법을 모르겠다. 책을 읽고 강연도 듣고 나름대로 공부도 했지만 효과가 없다. 어떻게 하면 좋을까?'를 고민하는 사람들에게 내가 가진 지식과 경험을 공유해 해결책을 알려 주고 싶었다.

돈을 벌고 싶은가? 그렇다면 '사람들은 어떤 도움이 필요한가', '나는 그들에게 무엇을 줄 수 있는가'에 집중하라. 어떤 부업을 할지, 어떤 분야에서 창업할지, 어디에 투자할지에 에너지를 쏟을 시간에 말이다.

— 내가 나눌 수 있는 것은 무엇인가?

D랩은 '도움이 필요한 사람에게 내가 뭔가를 제공한다'는 생각이 출발점이었다. 구체적으로는 다음과 같다.

- 일상이 바빠 책이나 논문을 읽을 시간이 없다.
  → 내가 대신 읽어 주고 요약 및 정보를 제공한다.
- 난해하고 전문적인 서적과 논문을 이해하기 어렵다.
  → 내가 대신 알기 쉽게 설명해 준다.
- 내용을 이해해도 정작 일상에 활용할 방법을 모른다.
  → 일상에 활용 가능한 방법을 제시한다.

요약하면 D랩에서 제공하는 콘텐츠는 책이나 논문의 정보를 쉽게 정리한 다음 내 경험을 곁들여 설명하는 형식이다.

이 책도 예외는 아니다. 세계적인 금융 심리학 권위자인 클론츠 부자의 연구 결과와 문헌, 해외 연구팀이 정리한 자료 등을 읽고 여기에 내 경험을 덧붙여 대중적인 언어로 풀어낸 것이다. 일반인이 수많은 해외 논문을 혼자 번역해서 읽기란 현실적으로 어려우니, 내가 그 일을 대신해 주는 것이다.

당신도 어려운 사람에게 도움을 줄 만한 방법이 있으리라. 이를테면 다음과 같은 일은 어떤가.

- Chat GPT를 업무에 도입하고 싶지만, 시간에 쫓겨 엄두를 못 내는 직장인이 있다.

  → 내가 대신 Chat GPT를 써 보고 전자책으로 정리해 준다.
- 회계 처리에 서툰 프리랜서가 있다.

  → 전직 경리직으로 일할 때의 기술을 활용해 대행 업무를 수행한다.

이처럼 도움이 필요한 사람이 어디에 있는지, 내가 도울 만한 일이 무엇인지를 염두에 둔다면 해야 할 일이 보인다.

— 베푸는 행위에서 발생하는 리스크

물론 남에게 베푸는 행위에는 어느 정도 리스크가 존재한다. 무형이든 유형이든 내가 가진 자산을 남에게 나누는 것이니 말이다.

나도 D랩의 콘텐츠를 만들기까지 품이 많이 들어간다.

- 연구 결과 및 논문을 읽는 시간
- 동영상 촬영 시간
- 동영상 편집 비용

이뿐만이 아니다. D랩 채널을 운영하는 데도 비용이 들어가므로 구독자가 적거나 유료 가입자가 줄어든다면 적자가 날 것이다.

하지만 나는 믿는다. 자기 시간과 돈을 투자하지 않고, 누구에게 베풀지 않으면 돈을 벌기는 불가능에 가깝다고! 단 여기서 유의할 점이 있다. 베푸는 건 좋다. 하지만 그 행위가 자신에게 악영향을 끼친다면 차라리 안 하느니만 못하다.

— 잘못된 도움과 부채의 상관관계

알고 있는가? '베푸는 정신'은 부채의 많고 적음과 상관관계가 있다는 사실을. 남에게 베풀어야 한다는 정신이 지나치게 강한 사람은 부채가 늘어나기 쉽다.

미국 펜실베이니아대 조직심리학 교수 애덤 그랜트(Adam Grant)는 《기브 앤 테이크— 주는 사람이 성공한다》라는 책에서 다음의 3가지 유형으로 사람을 분류했다.

* 기버(giver)
* 매처(matcher)
* 테이커(taker) * 자기희생 머니 스크립트와 사회적 교환 이론 참고

기버는 자기 이익보다 남을 먼저 생각해서 무언가를 나눠주는 사람이다. 매처는 받은 만큼 돌려주는 사람으로 은혜도 원수도 반드시 갚는다. 테이커는 주는 것보다 더 많은 이익을 챙기려는 일종의 착취자다. 인구 분포로 보면 기버는 전체의 25%, 매처는 56%, 테이커는 19%를 차지한다.

애덤 그랜트는 말한다. 이 중 가장 성공하는 유형과 가장 실패하는 유형은 모두 기버라고. 즉, 남을 돕는 유형에도 두 가지 버전이 존재한다는 얘기다. 실패하는 유형의 기버는 무

리하게 빚까지 내 가며 남을 돕는다는 것이다.

— 상위 기버와 하위 기버

성공하는 기버를 상위 기버, 실패하는 기버를 하위 기버라고 부른다면, 상위 기버와 하위 기버의 차이는 '나만 희생하는가' 여부다. 상위 기버는 상대방과 자신 모두 이득을 보는 도움을 베풀지만, 하위 기버는 오직 상대방만 이득을 보는 도움을 베푼다.

예를 들어, 당신과 A가 공동으로 시작한 프로젝트가 성공해 A가 100만 엔의 이익을 얻었다고 해 보자.

당신이 하위 기버라면 어떤 생각을 하고 행동을 취할까? '나는 30만 엔이면 족해. A는 열심히 했으니 70만 엔을 받아야지.' 이처럼 정당한 이유가 없어도 기꺼이 자신의 몫을 양보한다. 설령 당신의 노동시간과 성과가 A에 비해 현저히 높더라도.

하지만 당신이 상위 기버라면 A에게 이런 제안을 할 것이다. "100만 엔으로 함께 새로운 프로젝트를 만들어 수익을 300만 엔으로 늘리자. 여기에 동참해 준다면, 수익이 300만 엔으로 늘어났을 때 당신에게 200만 엔을 주겠다."

상위 기버가 상호 윈윈 제안을 한다면 하위 기버는 상대방만 일방적으로 이득을 보는 제안을 한다. 운 좋게 상대가 상위 기버나 매처라면 무언가 보답을 받을지도 모른다. 하지만 상대가 테이커라면? 오직 착취만 당할 뿐이다. 사기를 당해 가진 것까지 모조리 뺏기지나 않으면 다행이다. 하위 기버들이 베푸는 행위를 반복할수록 부채가 늘어나는 이유가 여기에 있다.

그렇다면 당신이 할 일은 명백하다. '어려운 사람에게 베푼다'는 머니 스크립트를 가지되, 상위 기버가 되는 것이다.

[요주의 유형] 금전 숭배 성향이 강하다, 금전 지위 성향이 강하다

부자가 되는 머니 스크립트 세 번째는 '돈은 자유를 사는 도구'라는 생각이다.

돈으로 살 수 있는 자유란 과연 무엇일까?

'다양한 선택지가 가능하다'는 것이다.

직장 상사에게 부당한 대우를 받아 이직하고 싶을 때, 당신에게 돈이 있다면 어떤 선택지가 있을까?

- 연봉이 일시적으로 낮아지더라도 하고픈 일을 할 수 있는 회사로 이직한다.
- 앞으로 어떻게 할지 시간을 갖고 천천히 고민한다.
- 안 좋은 평판을 감수하더라도 상사와 정면으로 맞선다.
- 퇴사한 다음 자신이 잘하는 분야에서 창업한다.

등 수많은 선택지 중에 원하는 방식을 자유롭게 선택할 수 있으리라.

하지만 돈이 없다면?

- 지금 있는 회사에 계속 다닌다.
- 연봉이 줄어드는 이직만은 피한다.
- 이직할 곳을 당장 결정한다.
- 상사와 어색한 사이가 되는 건 피한다.
- 창업은 리스크가 크다.

등 운신의 폭이 크게 줄어든다. 결국 울며 겨자 먹기 선택을 하다 점점 극단적인 상황으로 내몰리고 만다.

— 장기적 관점으로 매사를 바라보는 능력

돈은 자유를 사는 도구일 뿐 그 이상의 환상을 가지면 위험하다. 그런데 금전 숭배 성향이 매우 강한 사람, 금전 지위 성향이 강한 사람은 다음과 같은 사고방식을 가진다.

✕ 돈이 많을수록 행복해진다. (금전 숭배 성향이 강하다)
✕ 돈이 많을수록 남들에게 존경받는다. (금전적 지위 성향이 강하다)

이러한 머니 스크립트가 형성되면 어떤 특성을 보일까? 돈을 벌기 위해 건강을 희생하면서까지 일에 매달리거나, 과시욕을 채우기 위해 사치품을 사는 데 돈을 탕진하는 등 인생의 의미도, 재정 건전성도 망치는 행동을 반복한다.

이처럼 단기적 관점에 빠져 눈앞의 이익에 현혹되면 장기적으로 손해를 본다.

단기적인 관점에서 행동하니 돈이 점점 줄어든다.

→ 돈이 줄어드니 선택의 여지가 없다.

→ 하는 수 없이 극단적 행동을 한다.

→ 더욱 돈이 줄어든다.

그야말로 악순환의 연속이다.

장기적인 관점으로 행동하는 사람은 안다. 건강을 희생하며 일하는 것이 얼마나 위험한지, 과시를 위해 지위재를 취하는 게 얼마나 무의미한지를.

그들은 실력을 제대로 발휘하기 위해 적당히 휴식하며, 남들에게 인정받기 위해 쓸데없이 소비하지도 않는다.

'돈은 자유를 사는 도구'라는 머니 스크립트를 가진 사람은 장기적인 관점에서 매사를 바라보는 능력이 있다.

[요주의 유형] 모든 타입

부자가 되는 머니 스크립트 네 번째는 '즐겁게 일한다'는 가치관이다. 당연한 이야기지만, 열심히 일할수록 연봉이 올라가기 쉽고 순자산도 덩달아 올라간다. 어느 연구 결과에 따르면, 부자와 그렇지 않은 사람 사이에는 다음과 같은 차이가 있다.

- 항상 연락이 닿을 확률이 부자가 5배 더 높다.
- 야근이나 초과근무를 할 확률이 부자가 4배 더 높다.
- 휴일에 비즈니스 장소에 있을 확률이 부자가 3배 더 높다.

그렇다. 부자는 언제 어디서든 일에 몰두할 준비가 되어 있다.

— 업무 방식의 전제 조건

부자 체질 머니 스크립트 ④가 '즐겁게 일하기'라고 하면, 앞에서 말한 부자 체질 머니 스크립트 ③인 '돈은 자유를 사는 도구'와 모순이 아니냐고 묻는 사람이 있다. 그런 의문이 드는 것도 당연하다. 즐겁게 일하라고 하면 마치 장시간 노동을 권장하는 것처럼 들릴 테니까. 게다가 장시간 일하면 몸 어딘가에 고장이 나기 십상이니 돈이 모이기는커녕 의료비 같은 지출이 늘어나기 쉽다.

오해하지 말기 바란다. 여기서 말하는 '즐겁게 일하기'는 무작정 '오래 일하기'가 아니다.

- 회사나 상사가 강제로 일을 시키는가?
- 스스로 재량권을 가지고 일을 하는가?

이 중 돈이 모이는 건 어느 쪽인가? 두말할 것도 없이 후자다. 재량권을 가지고 주체적으로 열심히 일해야 돈이 모이고 부자가 된다.

회사나 상사의 명령으로 장시간 노동을 지속하면 몸과 마음이 망가진다. (혹시나 하는 사람은 가난해지는 머니 스크립트 일 중독 편을 읽어 보길 바란다). 반면 주체적으로 일하는 사람은 노동시간이 다소 길어져도 그럴 위험은 낮다. (단, 철야를 하거나 수면 시간이 고작 2~3시간에 불과한 극단적 근무 형태는 예외다.)

— 현재 직장을 떠날지 말지의 기준은?

나는 누구보다 즐겁게 일한다고 자부한다. 이는 다시 말해 내가 주체적으로 일한다는 뜻이다. 나는 D랩의 콘텐츠 제작과 책 집필을 위해 하루 평균 20~30권 책을 읽는다. 노동 시간과 독서 시간을 더하면 일주일에 70시간은 훌쩍 넘으리라. 하지만 조금도 지치거나 힘들지 않다. 나에겐 즐거움 그 자체다.

혹시 이런 경험이 있는가? '넷플릭스 드라마가 너무 재미있어 정신을 차리고 보니 10시간을 꼬박 시청했다.' 부자들은 이런 감각으로 일에 몰두한다.

지금 다니는 회사에서 억지로 일한다는 느낌이 드는가? 그렇다면 이직을 준비할 타이밍이다.

만일 당신이 회사 경영자라면 직원들에게 재량권을 부여하고 주체적으로 일하는 시스템을 구축하기 바란다. 상사여도 마찬가지다. 부하직원에게 재량권을 부여해 스스로 즐기면서 일하도록 만들어야 더 큰 성과가 나오는 법이다.

[요주의 유형] 모든 유형

부자가 되는 머니 스크립트 다섯 번째는 '나는 부를 누릴 자격이 있다'는 인식이다. 부자 체질을 가진 사람은 스스로 부자가 될 수 있다고 진심으로 생각한다.

당신은 아래 문항에 얼마나 해당되는가?

• 원하는 것은 즉시 얻을 수 있는 부를 원한다.
• 좋아하는 사람과 결혼하고 싶다.
• 직장에서 성공해서 높이 평가받고 싶다.
• 원만한 인간관계와 스트레스 없는 삶을 갖고 싶다.

보통은 전부 그렇다고 대답하리라. 하지만 '나는 부를 누릴 자격이 없다'고 생각하는 사람은 위의 항목이 모두 해당되지 않는다고 여긴다. 이들의 평소 생각은 다음과 같다.

✕ 나는 머리가 좋지 않고 실행력도 변변치 않아 부자가 될 수 없다.

✕ 나는 외모도 떨어지고 돈도 없으니, 여자들한테 인기가 없을 것이다.

이런 식으로 부정적인 생각으로 가득해 행동하기 전에 지레 포기하기 일쑤다. 그러니까 부자 근처에도 못 가는 삶을 살아갈 수밖에 없다.

— 부자 체질과 가난한 체질: 하루 35,000회의 선택

'나는 부를 누릴 자격이 있다'는 머니 스크립트가 있는 사람과 없는 사람은 어떤 차이가 있을까? 소득과 관련된 부분으로 설명해 보겠다.

[이직 활동 중 선택]
○ 원하는 연봉으로 채용되기 위해 독학으로 기술을 연마한다.
✕ 희망 연봉에 못 미치지만 '나에겐 이 정도가 적당하다'며 스스로 타협한다.

[거래처가 가격 인하 협상을 제시했을 때 선택]
○ 시세를 조사한 다음 객관적인 수치와 통계를 근거로 협상에 응할지 판단한다.
✕ 앞으로 일감이 없어지는 것보다는 다소 가격을 낮춰도 괜찮다고 생각한다.

이제 어느 정도 감이 오는가? '나는 부를 누릴 자격이 없다'고 생각하면 매사에 손해 보는 선택을 한다.

영국 케임브리지 대학의 정신건강의학 교수 바바라 사하키안(Barbara Sahakian)은 '인간은 하루 최대 35,000회 선택을 한다'고 말했다. 하루에 35,000회나 손해 보는 선택을 한다고 상상해 보라. 끔찍하지 않은가?

평소 '나는 부를 누릴 자격이 있다'고 의식적으로 생각하자. '긍정적으로 생각하기'야말로 당신의 인생을 변화시키는 첫걸음이다.

— 부채를 피하려면

한 가지 주의할 점이 있다. '나는 부를 누릴 자격이 있다'는 신념이 지나치게 강하면 채무를 지기 쉽다. 그러므로 '나는 부를 누릴 자격이 있다'는 문장에 '내 힘으로 부를 이룬다'는 조항을 덧붙이자.

당신이 원하는 것을 바로 얻을 수 있는 부를 원한다면, 이후 취할 행동은 다음 두 가지로 나뉜다.

○ 새로운 사업을 성공시켜 원하는 것을 얻는다.
✕ 신용대출을 받아 원하는 것을 얻는다.

'나는 부를 누릴 자격이 있다'는 신념이 과도하면 생기는 부작용이 이것이다. 원하는 것을 얻기 위해 노력하는 게 아니라, 무슨 수단과 방법을 동원해서라도 원하는 것을 얻으려고 마음먹는다.

이를 방지하려면 다음의 세 단계를 밟을 필요가 있다.

① '나는 부를 누릴 자격이 있다'는 마인드를 가진다.
② '내 힘으로 부를 이룬다'는 요소를 추가한다.
③ 하루 35,000회 선택을 내게 이로운 방향으로 한다.

이것이야말로 건강한 부자가 되는 비결이다.

[요주의 유형] 모든 타입

부자가 되는 머니 스크립트 여섯 번째는 '인생은 스스로 통제할 수 있다'는 신념이다. 미국의 심리학자 줄리언 로터(Julian B. Rother)가 고안한 '통제 위치'(locus of control)라는 개념을 통해 이 머니 스크립트를 설명해 보겠다.

통제 위치란 행동을 통제하는 의식을 어디서 찾는지에 관련된 개념이다. 사람은 두 가지 부류로 나뉜다. 첫 번째는 개인이 삶을 통제할 수 있다고 믿으며 자기 행동의 원인을 스스로에게 찾는 사람. 이런 사람은 통제 위치가 내부에 있다(내적 통제 위치). 두 번째는 개인이 인생을 통제할 수 없다고 믿으며 자기 행동의 원인을 외부의 탓으로 돌리는 사람. 이런 사람은 통제 위치가 외부에 있다(외적 통제 위치).

— 원인을 어디서 찾는가: 통제 위치

외적 통제 위치형의 특징은 인생을 스스로 개척해 나가려는 의지가 턱없이 부족하다는 것이다. 이들은 일이 실패하거나 목표를 달성하지 못했을 때 원인을 타인이나 상황 등 외부에서 찾는다.

[저축을 하려고 해도 좀처럼 돈이 모이지 않는다]

X 외적 통제 위치: 회사 실적이 좋지 않아 성과금을 적게 받았기 때문이다.

O 내적 통제 위치: 저축을 하면서 꾸준히 투자했다면 어땠을까?

[업무 실적이 부진하다]

X 외적 통제 위치: 날 충분히 지원해 주지 못한 상사 책임이다. 내 설명을 이해하지 못한 고객 책임이다.

O 내적 통제 위치: 내가 기획한 아이디어가 부족했다. 상사에게 전달한 타이밍에 문제가 있었다.

[부업을 시작했으나 수익이 저조하다]

X 외적 통제 위치: 부업 업무량이 과도한 탓이다. 고객 접근성이 현저히 낮은 탓이다.

O 내적 통제 위치: 내 실력이 부족한 탓이다. 영업 방식에 개선할 점을 찾아보자.

이처럼 외적 통제 위치형은 돈이 모이지 않는 진짜 이유를 생각하지 않고, 그저 외부 탓으로 돌리기 바쁘다. 적절한 개선책을 찾을 리 만무하니 돈도 모이지 않는다.

미국 전 대통령 도널드 트럼프는 파산했다가 재기한 적이 있다. 그는 내적 통제 위치형 인간이었다. 그래서 파산한 원인을 스스로에게 찾았고, 그 결과 자력으로 다시 일어섰다. 만일 그가 외적 통제 위치형 인간이었다면 파산한 원인을 외부에서 찾았을 것이다. 자신의 부족한 점을 깨닫지 못하고서 외부 탓만 하다 평생 재기하지 못하고 도태되었으리라.

통제 위치는 돈 이외 부분에서도 작동한다.

- 친구나 사업 파트너와의 관계가 삐걱거리는 이유가 상대 (외부) 때문이라고 생각하는가, 자신(내부) 때문이라고 생각하는가.
- 이직이 어려운 이유가 기업이나 시장 상황(외부) 때문이라고 생각하는가, 자신의 이력이나 면접(내부) 때문이라고 생각하는가.

실패해도 성장하는 비결은 단순하다. '인생을 스스로 통제할 수 있다'는 마인드를 가지면 된다. 실패 원인을 자신에게 찾는 과정에서 근본적인 개선점이 보인다. 이는 스스로 성장하는 계기가 될 것이다.

■ 부자가 되는 머니 스크립트 ⑦ 어려울 때는 남에게 의지한다

[요주의 유형] 모든 타입

부자가 되는 머니 스크립트 일곱 번째는 '어려울 때는 남에게 의지한다'는 생각이다. 현대사회에서 개인주의가 심화되면서 갈수록 사람들은 가급적 남에게 폐를 끼치지 않으려한다. 요즘은 다음과 같은 인식이 널리 퍼져 있다.

• 곤란한 일이 생겨도 가능한 한 스스로 해결한다.
• 각자 사정이 있으니 타인을 돕는 건 괜한 참견이다.

하지만 생각해 보라. 세상일은 혼자서 해결하기엔 한계가 있는 법이다. 사회에서, 특히 조직에서 남의 도움 없이 혼자해낸다는 마인드처럼 어리석은 것도 없다. 성과는커녕 업무 자체가 제대로 진행되기도 어렵다.

'부자가 되는 머니 스크립트 ⑥ 인생은 스스로 통제할 수 있다'에서 어떤 문제가 생겼을 때 그 원인을 외부가 아닌 내부에서 찾는 게 바람직하다고 설명했다. 그런데 이를 잘못 해석하면 '모든 문제는 나(내부)에게 있으니 남한테 의존해선 안 된다'는 결론이 나오기도 한다.

✕ 무슨 일이든 혼자서 해결하려고 한다.

○ 무엇이 문제였는지부터 최적의 해결책을 찾는다.

두 가지는 얼핏 비슷해 보이지만 전혀 다르다. 다음 경우를 보자.

[거래처를 화나게 해서 프로젝트를 날려 버렸을 때]

✕ '내 제안이 수준 미달이었다', '내 전달 방식이 잘못됐다'고 자책한다.

○ '나의 무엇이 문제였는지', '신뢰를 회복할 방법은 없는지' 주변에 조언을 구한다.

[프로젝트를 다시 따내서 실수를 만회하고 싶을 때]

✕ 접대, 가격 인하 등 할 수 있는 모든 것을 제공한다.

○ 거래처를 찾아가 입장을 설명하고 신뢰를 얻는다.

누군가의 도움을 받아 거래처나 고객과 관계를 개선할 수 있다면 적극적으로 도움을 청하자. 타인에게 의지할 수 있는 사람은 그만큼 타인에게 의지가 될 수 있는 사람이다. 내가 누군가의 도움을 받고 누군가에게 도움을 주는 환경이 만들어지면 실패해도 금방 회복할 수 있다.

[요주의 유형] 금전 지위 성향이 강하다

부자가 되는 머니 스크립트의 여덟 번째는 '수익 창출을 중시한다'는 인식이다.

흔히 사람들은 말한다. 인간관계는 돈으로 살 수 없다고. 하지만 부자 체질을 가진 사람은 인간관계를 얻기 위해 돈을 투자한다. 이는 금전 지위 성향이 강한 사람이 지위재를 얻기 위해 돈을 투자하는 것과는 다르다.

— 어느 쪽이 수익으로 연결되는가

A와 B가 똑같은 고급 승용차를 샀다고 치자. A는 '수익 창출이 중요하다'는 머니 스크립트를 가진 사람이고, B는 그렇지 않은 사람이다.

○ A가 고급 차를 구입한 이유: 이 차량의 오너 클럽에 가입하면 상류층 인맥을 쌓을 기회가 생긴다. 그로 인해 사업 매출이 늘어날 가능성이 있다.

✕ B가 고급 차를 구입한 이유: 주변 사람들이 고급 차를 구입했다. 나도 이 차를 사면 이미지가 좋아질 것 같다.

B의 쇼핑은 지위재 획득이 목적이다. 지위재는 자신이 진심으로 원해서가 아니라 타인보다 우위에 서는 게 목적이라 아무리 많이 가져도 행복해지기 어렵다.

반면, A는 고급 차를 구입한 계기로 또 다른 수익을 창출 가능한지 꼼꼼히 따져본 후 구매한다.

겉으로 보면 고급 차만 사는 것 같아도 사실은 그 너머에 있는 인맥과 정보까지 사는 셈이다. 결국 A는 '내가 그 차를 사서 무엇을 얻을 수 있는가'를 가장 중시하는 사람이다.

— 내가 텔레비전에 출연한 이유

내가 방송에 출연한 이유도 A와 비슷하다. 출연 횟수가 늘어나자 주변 사람들이 나에게 이런 말을 했다.

"방송출연료로 떼돈을 벌었겠다.", "유명해져서 좋겠다."

하지만 내가 궁극적으로 원한 건 출연료가 아니었다. 심지어 나는 이른바 '관종'도 아니었다.

내가 방송에 나온 이유는 단 하나! 얼굴이 알려져서 유명해지면, 사회 각층에서 성공한 사람들과 폭넓게 교류하면서 돈 버는 방법을 배울 수 있으니까.

내 얘기는 하나의 사례일 뿐이다. 다만, 부자 체질을 가진 사람이 '수익 창출을 중시한다'는 머니 스크립트를 가지고 있음은 분명한 사실이다. 당신도 무언가를 살 때나 누군가를 만날 때, 늘 이 점을 기억해 두기를 바란다.

— 부자가 되는 머니 스크립트

부자가 되는 머니 스크립트 8가지를 정리하면 다음과 같다.

1 저축은 중요하다
2 어려운 사람에게 베푼다
3 돈은 자유를 사는 도구다
4 즐겁게 일한다
5 나는 부를 누릴 자격이 있다
6 인생은 스스로 통제할 수 있다
7 어려울 때는 남에게 의지한다
8 수익 창출을 중시한다

이 중 무엇이 당신의 관심을 끄는가? 당장 오늘부터 해당 항목을 실천해 보기 바란다. 돈을 모으는 사고방식을 철저히 습득한다면, 단언컨대 당신의 삶은 극적으로 달라진다.

제 3 장

REWRITING

가난해지는 머니 스크립트에서
부자가 되는 머니 스크립트로

■ 왜곡된 머니 스크립트 개조하기

1장에서 자신의 머니 스크립트를 파악하고 2장에서 부자가 되는 머니 스크립트를 익혔다면, 당신은 부자가 될 토대를 다진 셈이다. 이번 장은 당신의 잠재의식 속에 내재된 가난해지는 머니 스크립트를 확인하고 부자가 되는 머니 스크립트로 새롭게 정립하는 과정이다.

방법은 다음과 같다. 여기에 소개하는 머니 스크립트는 두 가지이다. 즉 가난한 삶으로 이끄는 머니 스크립트와 부유한 삶으로 이끄는 머니 스크립트인데, 여태 자기 안에 뿌리박힌 가난해지는 머니 스크립트를 지우고 그 자리에 부자가 되는 머니 스크립트를 아로새긴다. 만약 자신이 특별히 주의해야 할 부류에 해당된다면, 더욱 집중해서 읽어 보기 바란다.

× [가난] 투자는 전문가가 하는 것

○ [부자] 투자는 스스로 공부하고 스스로 판단하는 것

[요주의 유형] 모든 타입

돈을 모으지 못해 가난해지기 쉬운 사람들의 공통점이 하나 있다. 바로 '투자는 전문가가 하는 것'이라는 인식이다. 이것이야말로 당신을 가난하게 만드는 머니 스크립트다.

부자들은 어떤 투자에 대해 다음처럼 생각한다.

'투자는 스스로 공부하고 스스로 판단하는 것이다.'

참고로 '투자란 전문가들이나 하는 것'이라는 생각은 모든 유형에게 해당되므로 이 내용은 모두가 주목해서 읽어 보기 바란다.

가난하게 만드는 머니 스크립트를 확인하고 부자로 만드는 머니 스크립트로 수정하기! 이것이 3장의 목적이며 더 나아가 이 책의 궁극적인 목적이기도 하다.

나중에 다시 읽기 쉽도록 다음 페이지에 '가난해지는 머니 스크립트 목록'을 적어 두었다. 평소 체크를 해 두고 이 부분을 반복해서 읽기 바란다.

가난해지는 머니 스크립트 목록

	1 자기희생 머니스크립트					2 경제의존 머니스크립트			3 무계획 지출 머니스크립트		
	✗ 남을 경제적으로 도우면 언젠가 나도 도움을 받을 것이다	✗ 돈을 주는 것은 애정을 주는 것이다	✗ 돈이 있다면 남을 돕는 게 마땅하다	✗ 가까운 사람이 돈 때문에 힘들어하는 모습은 보고 싶지 않다	✗ 인간관계는 돈으로 만들 수 있다	✗ 경제적으로 의지할 만한 사람이 있다	✗ 일하면 월급을 받는 게 당연하다	✗ 돈 버는 법을 굳이 배울 필요는 없다	✗ 사람의 가치는 소득과 자산으로 결정된다	✗ 필요할 때는 빚을 져도 된다	✗ 부업이나 사업을 하려면 돈이 필요하다
금전 기피(강함)	✓				✓	✓	✓	✓		✓	
금전 숭배(강함)	✓	✓			✓	✓	✓				✓
금전 지위(강함)	✓	✓	✓	✓	✓	✓	✓		✓	✓	✓
금전 경계(약함)	✓	✓	✓	✓		✓	✓				
금전 경계(강함)	✓					✓	✓	✓			

4 무절제 소비 머니스크립트			5 사기당하기쉬운 머니스크립트		6 부자 회피 머니스크립트			7 부자 혐오 머니스크립트			
나는 돈을 가질 자격이 없다	노동으로 벌지 않은 돈은 내 돈이 아니다	남들보다 더 많은 돈을 가지는 것은 잘못이다	투자는 전문가가 하는 것이다	투자란 어려운 것이다	돈은 나중에 들어온다	적은 돈으로 생활하는 것이 미덕이다	돈은 땀 흘려 일한 대가다	부자는 남을 이용한다	부자는 탐욕스럽다	부자는 인격에 문제가 있다	부자는 고독하다
✓	✓	✓	✓	✓	✓		✓	✓	✓	✓	✓
✓	✓	✓	✓	✓							
✓	✓	✓	✓	✓							
✓	✓	✓	✓	✓							
✓	✓	✓	✓	✓		✓					

	8 도박꾼 머니스크립트				9 충동구매 머니스크립트			10 과소지출 머니스크립트			11 일중독 머니스크립트		
	❌ 돈을 벌려면 위험을 감수해야 한다	❌ 인생은 짧다	❌ 경쟁사회에서 승자가 되고 싶다	❌ 노력하면 반드시 이긴다	❌ 나는 어차피 부자가 되지 못한다	❌ 돈 문제는 배우자에게 비밀로 하고 싶다	❌ 좋은 사람이라면 돈 문제는 저절로 해결된다	❌ 돈은 저축해야지 써서는 안 된다	❌ 아무리 돈이 많아도 안심할 수 없다	❌ 돈 나가는 일은 하지 않는다	❌ 누가 내 소득을 물으면 실제보다 낮게 대답한다	❌ 돈이 많을수록 행복해진다	❌ 소득을 올려서 인정받고 싶다
금전 기피(강함)	✓	✓	✓	✓	✓	✓	✓				✓		
금전 숭배(강함)	✓	✓	✓	✓	✓	✓	✓				✓	✓	
금전 지위(강함)	✓	✓	✓	✓	✓	✓	✓				✓		✓
금전 경계(약함)		✓	✓	✓	✓	✓	✓				✓		
금전 경계(강함)		✓	✓	✓	✓	✓	✓	✓	✓	✓	✓		

메모

　읽으면서 '당장 고쳐야 할 항목＋대책'을 목록으로 만들어 두면 편리하다. 실행에 옮긴 다음에는 '어떤 방법으로, 언제 했는지'도 적어 보자. 지식 활용에 도움이 되리라.

당신을 가난하게 만드는 머니 스크립트 중 첫 번째는 자기 희생 머니 스크립트다. '자기희생'이라고 하면 자신을 버리고 남을 돕는다는 뜻으로 받아들여 좋게 해석하는 경우가 있다. 하지만 이런 인식이야말로 당신을 파산으로 이끄는 머니 스크립트임을 명심하기 바란다.

누군가에게 아낌없이 돈을 빌려주거나, 지인이 어려움에 처했을 때 도우면 세상에 둘도 없이 선량한 사람으로 보인다. 하지만 남을 돕는 사람에게 빌붙어 착취를 일삼는 테이커들이 널리고 널린 세상이다. 그들에게 먹잇감이 되기 쉬운 사람이 누굴까? 그렇다. 바로 자기희생 머니 스크립트를 가진 사람이다.

'난 그럴 일 없다'고 생각하는가? 섣부른 판단은 금물이다. 다음과 같은 생각을 하는 사람은 자기희생 머니 스크립트를 가질 확률이 높으니 꼼꼼히 체크해 보자.

✕ 남을 경제적으로 도우면 언젠가 나도 도움받을 것이다.
✕ 돈을 주는 것은 애정을 주는 것이다.

✕ 돈이 있다면 남을 돕는 게 마땅하다.

✕ 가까운 사람이 돈 때문에 힘들어하는 모습은 못 본다.

✕ 인간관계는 돈으로 만들 수 있다.

어떤가. 의외로 공감하는 항목이 있지 않은가? 특히 금전 숭배와 금전 지위 성향이 강한 사람, 금전 경계가 약한 사람은 이런 생각을 가질 가능성이 높으니 주의해야 한다.

X 남을 경제적으로 도우면 언젠가 나도 도움받을 것이다
O 빌려준 돈은 웬만해선 돌아오지 않는다
[요주의 유형] 모든 유형

자기희생 머니 스크립트 첫 번째는 '누군가에게 베풀면 언젠가 보상을 받는다. 내가 어려울 때도 도움을 받을 것이다'는 생각이다. 남에게 아낌없이 돈을 빌려주거나 남의 부탁을 거절하지 못하는 사람이라면 이 머니 스크립트를 가질 확률이 높다. 이런 사람은 자식이 어릴 때부터 온갖 지원을 아끼지 않는다. 그리고 나중에 자신이 늙어 돌봄이 필요한 시기가 되면 '자식이 나를 돌봐줄 것'이라 굳게 믿는다.

— 대가를 기대하지 말라: 사회적 교환 이론

'사회적 교환 이론'이라는 심리학 용어가 있다. 인간관계는 다양한 보상의 교환으로 이뤄진다는 뜻이다. '새 직장을 소개해 준 사람에게 식사를 대접한다', '공부를 가르쳐 준 사람에게 예약하기 힘든 레스토랑을 대신 예약해 준다' 등이 여기에 해당한다.

하지만 내가 베풀고 돌려받는 대가라고 해 봤자 기껏해야 '식사', '레스토랑 예약' 정도다. '누군가에게 베풀면 언젠가

보답을 받는다. 내가 어려울 때 도움을 받을 것이다'라고 생각하는 사람은 자기가 베푼 도움에 대한 대가를 과도하게 기대한다. 직장도 소개해 주고 공부도 가르쳐 줬으니, 어려움에 처했을 때 반드시 상대가 자기를 도와줄 거라 생각하는가? 안타깝지만 이는 나만의 착각에 불과하다.

물론 동료나 친구가 곤경에 처했을 때 돕는다면 자신이 곤경에 처했을 때 도움을 받을 수도 있다. 하지만 상대가 테이커라면? 은혜를 모른 척하거나 오히려 원수로 갚을지도 모를 일이다.

만약 당신이 테이커에게 돈을 빌려주었다면 그 돈은 돌려받지 못한다고 봐야 한다. 더 많은 돈을 뜯기지나 않으면 다행이다. 그런데 이게 끝이 아니다. 그 모습을 본 또 다른 테이커가 당신에게 접근할 테고 당신 주변은 악질 테이커들로 가득해진다. 어떤가. 상상만 해도 끔찍하지 않은가?

그렇다. 나는 지금 '남을 경제적으로 도우면 언젠가 나도 도움을 받을 것이다'라는 생각이 금전적 스트레스를 초래할 수 있다고 말하는 중이다. 이를 방지하려면 생각을 바꿔야 한다. '빌려준 돈은 웬만해선 돌아오지 않는다'로 말이다.

✕ 돈을 주는 것은 애정을 주는 것이다

○ 돈이 아니라도 얼마든지 남을 도울 수 있다

[요주의 유형] 금전 숭배 성향이 강하다, 금전 지위 성향이 강하다, 금전 경계 성향이 약하다

자기희생 머니 스크립트 두 번째는 '돈을 주는 것은 애정을 주는 것이다'는 생각이다. 이런 사람은 돈이야말로 상대에게 베풀 수 있는 전부라 여긴다. 지인이 당신에게 다음과 같은 고민을 털어놓았다고 치자. "다니는 회사가 직원들을 부속품처럼 여기면서 갑질을 일삼는다. 힘들어서 퇴사하고 싶지만 모아 놓은 돈도 없고 새 직장을 구할 여유도 없어 그만둘 엄두가 나지 않는다."

자기희생 머니 스크립트를 가진 사람이라면 이렇게 대답할 것이다. "돈은 어떻게든 내가 빌려줄 테니 일단 회사를 그만둬라." 그에게 문제를 해결하는 방법은 오직 돈뿐이다.

— 금전적 도움을 원하지 않는 사람도 많다

사람들은 잘 모른다. 남을 돕는 수단이 반드시 돈만 있는 건 아니라는 것을. 실제로 돈 말고도 남을 도울 방법은 많다.

기업의 횡포에 시달리는 지인이 경제적 도움을 원했을까

도 생각해 볼 문제다. 그저 이야기를 들어 주며 공감과 위로를 바랐을 수도 있고, 돈 이외의 해결책을 바랐을 수도 있다. 그런 사람에게 '돈을 빌려줄 테니 걱정 말라'는 말이 얼마나 도움이 될까?

이런 머니 스크립트를 가진 사람은 '돈이 아니면 인간관계를 맺을 수 없다'는 생각이 은연중에 깔려 있다. 하지만 앞서 말했듯이 남을 도울 방법은 돈 말고도 많다. 지인이든 가족이든 누군가 당신에게 도움을 요청하면 돈 이외의 해결 방법을 고민하기 바란다.

특히 금전 숭배와 금전 지위 성향이 강한 사람은 주의하자. 금전 숭배 성향이 강하면 돈으로 무엇이든 해결할 수 있다고 생각하고 금전 지위 성향이 강하면 과시적으로 돈을 쓰는 경우가 허다하다. 돈 쓰는 행위에 대한 거부감이 적고 금전 경계 성향이 약한 사람도 주의해야 한다.

× 돈이 있다면 남을 돕는 게 마땅하다.

○ 스스로 원해서 돕는다

[요주의 유형] 금전 지위 성향이 강하다, 금전 경계 성향이 약하다

'돈이 있다면 남을 돕는 게 마땅하다'는 대표적 자기희생 머니 스크립트다.

언뜻 보면 참으로 훌륭한 마인드처럼 보인다. 하지만 곰곰이 생각해 보자.

• 돈을 가진 사람은 불우이웃을 도와야 할 의무가 있는가?
• 그것은 무조건인가?

대답은 둘 다 '아니오'다.

누군가를 돕지 말라는 게 아니다. 남을 돕는 동기는 강요가 아닌 의지여야 한다는 뜻이다. 남을 돕는 행위가 의무라고 생각하는 순간, 지나치게 많은 것을 내어 주게 되어 삶에 지장이 생긴다.

— 기부 행위에 과민하게 반응하는 머니 스크립트

예기치 못한 자연재해가 발생해 막대한 피해가 생겼을 때, 유명인들이 기부했다는 기사를 본 적이 있으리라. 그런데 이런 기사에 달린 댓글들을 보면 돈이 많으면서 기부액이 약소하다는 둥, 이미지 메이킹을 위해 위선을 떤다는 둥 이러쿵저러쿵 토를 단다. 기부에 대해 그렇게 날을 세우는 사람치고 부자 체질인 경우를 본 적이 없다.

참고로 나도 기부를 자주 하는 편이다. 차이점이라면 인간이 아닌 동물에 대한 기부라는 것이다. 인간에 대한 기부는 내가 아니라도 여러 유명인이 하고 있으니 나는 동물을 돕고 싶다는 마음에서다. 동물보다 사람이 우선이라고 생각하는 사람도 있겠지만 그건 각자 신념에 따라 결정할 일이다.

그러므로 '돈이 있다면 남을 돕는 게 마땅하다'는 머니 스크립트를 지우고 '스스로 원해서 돕는다'는 머니 스크립트로 바꾸는 게 바람직하다.

참고로 허세나 평판을 중시하는 금전 지위 성향이 강한 사람과 돈을 쓰는 행위에 경계심이 낮은 금전 경계 성향이 약한 사람은 특히 주의해야 한다.

× 가까운 사람이 돈 때문에 힘들어하는 모습은 못 본다
○ 돈에 대한 책임을 스스로 진다

[요주의 유형] 금전 지위 성향이 강하다, 금전 경계 성향이 약하다

친한 사람이 금전적 문제로 힘들어할 때 무리해서 도와준 경험이 있는가? 이런 사람은 남에게 쉽게 돈을 빌려주면서도 '차용증을 써 달라'는 말도 차마 하지 못한다.

이들은 왜 돈을 쉽게 빌려줄까? '내가 돈을 빌려주지 않아서 상대방이 힘들어지면 불쌍하다', '상대가 나를 원망할까 봐 겁난다'는 마음이 자리 잡은 까닭이다.

돈이 없으면 생활이 힘들어진다. 이건 삼척동자도 다 아는 사실이다. 어떤 사정으로 수중에 돈이 없어졌다면 그 책임은 당사자가 져야지, 당신이 져야 할 이유가 없다.

차용증도 마찬가지. 돈을 빌려주면 문서로 증거를 남기는 건 당연한 세상 이치다. 실제로 당신이 금융기관에 돈을 빌릴 때 문서를 주고받는다. 상대에게 부담을 주기 싫다면서 당연한 절차를 생략하는 건 순진하다 못해 어리석은 짓이다.

— 협동심이 높은 사람은 저축이 적다?

미국 컬럼비아 경영대학원이 행한 연구에 따르면, 협동심이 높은 사람은 그렇지 않은 사람에 비해 파산할 확률이 1.5배나 높다고 한다. 설령 파산까지는 안 하더라도 학창 시절 협동심이 높았던 사람은 저축액이 극도로 적거나 신용카드 상환에 시달리는 등 성인이 되어서 경제적인 문제에 봉착할 가능성이 높았다.

왜일까? 협동심 높은 사람은 분위기를 살피는 능력이 지나치게 높은 탓이다. 혹시 자신이 여기에 해당된다면 평소 남에게 돈을 쉽게 빌려주지 않는지 돌이켜보자. 툭하면 모임에서 자기가 계산하는 사람도 마찬가지다. 분위기를 살피는 센스나 협동심 자체가 나쁘다는 게 아니다. 그 결과 걸핏하면 남들 앞에서 자기 돈을 내어 준다는 게 문제다.

과시적으로 돈을 쓰는 금전 지위가 강한 사람, 돈을 쓰는 행위에 경계심이 적은 금전 경계가 약한 사람은 특히 주의하기 바란다.

✕ 인간관계는 돈으로 만들 수 있다

○ 함께 보내는 시간으로 인간관계를 형성한다

[요주의 유형] 모든 유형

누군가와 친해지고 싶을 때 선물 공세를 하는 사람이 있다. 요즘은 이혼율이 높아져 재혼 사례가 많은데, 상대방의 자녀에게 고가의 선물이나 용돈을 주며 점수를 따려는 경우가 여기에 해당한다.

미국 캔자스 대학의 연구에 따르면, 인간관계를 형성하는 포인트는 '상대와 함께 보낸 시간의 양'이라고 한다. 돈이나 선물을 줘서 형성된 관계는 일시적일 뿐이라는 얘기다.

재혼하려는 상대의 자녀와 친해지기 위해 선물이나 돈을 주면 그 자리에서는 기뻐할지도 모른다. 하지만 그것으로 상대의 자녀와 친밀한 사이가 되었다고 생각한다면 대단한 착각이다. 그런 식으로 선물이나 돈을 주면 줄수록 상대의 자녀에게는 '호구'로 인식될 뿐이니까.

진정으로 좋은 관계를 형성하고 싶은가? 그렇다면 함께 여행을 가거나 좋아하는 게임을 하는 시간을 보내자. 선물을 주더라도 '그 선물로 함께 시간을 보낼 수 있는 것'을 추천한다. 축구공을 선물하고 함께 축구하는 식으로 말이다.

참고로 나는 와인을 자주 선물하는 편이다. 함께 와인을 마시면서 시간을 보낼 수 있기 때문이다. 함께하는 시간을 만들어 주는 선물이라면 당신이 바라는 인간관계를 만들 수 있다.

— 만남의 횟수로 마음을 사로잡는다: 자이언스의 법칙

상대방과 친해지고 싶다면 만남의 횟수를 늘리는 방법도 추천한다. '자이언스의 법칙'이라는 말을 들어 본 적이 있는 가? 마주칠 기회가 많을수록 상대에게 호감을 느끼기 쉽다는 심리적 효과를 뜻한다. 이 법칙에 따르면 누군가와 친해질 때, 고가의 선물을 주기보다 자주 만나서 소소한 대화를 나누는 게 효과적이다.

참고로 '인간관계를 형성하는 데 중요한 것은 선물이나 돈이 아니라 함께 보낸 시간이다'는 인식은, 모든 유형이 명심하고 가져야 할 머니 스크립트다.

당신을 가난하게 만드는 머니 스크립트 두 번째는 경제 의존형 머니 스크립트다. 한마디로 '어떻게 하면 남에게 돈을 받아낼 수 있을까?'만 골몰하는 사람이다. 이러한 머니 스크립트를 가진 사람은 지금 당장 금전관을 고쳐야 한다. 자신을 위해서도 주변 사람들을 위해서도.

경제 의존형 머니 스크립트를 가진 사람은 스스로 가치를 창출해 돈을 벌겠다는 인식 자체가 없다. 그저 어떻게 하면 남의 돈을 빼앗을 수 있을까, 어떻게 하면 좋은 조건으로 돈을 빌릴 수 있을까에만 혈안이 된 상태다. 이들을 기다리는 것은 인간관계 파탄과 경제적 파산뿐이다.

만일 당신 주변에 경제 의존형 머니 스크립트를 가진 사람(혹은 그렇게 의심되는 사람)이 있다면 미련 없이 인연을 끊기 바란다.

— 금전적 지원을 당연시하는 사람이 맞이할 최후

어른이 되어도 부모님의 경제적 지원을 받는 사람이 있다. 이런 사람은 볼 것도 없이 경제 의존형 머니 스크립트에 해당한다. 문제는 언제까지나 의지할 수 있을지 모른다는 사실이다. 결국 이들이 경제적 파국이라는 혹독한 대가를 치르는 건 시간문제다.

구체적으로 다음과 같은 생각을 하는 사람을 주의하자.

✕ 경제적으로 의지할 만한 사람이 있다.
✕ 일하면 월급을 받는 게 당연하다.
✕ 돈 버는 법을 굳이 배울 필요는 없다.

3가지 모두 경제적 삶을 망치는 사고방식이다. 무서운 사실은 이런 머니 스크립트가 대개는 본인도 모르게 어릴 적부터 내면화된다는 점이다.

✕ 경제적으로 의지할 만한 사람이 있다

○ 스스로 벌어서 자립한다

[요주의 유형] 모든 유형

경제적으로 의지할 만한 사람이 주변에 있다고 생각하는 사람은 경제 의존형 머니 스크립트를 갖고 있다.

이들은 위급한 상황이 생겼을 때 가족이나 친구에게 돈을 빌리면 그만이라고 여긴다. 하지만 이는 어디까지나 본인의 일방적인 생각일 뿐이다.

지금은 그럴 상대가 없어도 경제적으로 의지할 만한 사람을 찾아다니는 경우도 경제 의존형 머니 스크립트에 해당한다. 직장생활이 힘들다고 무작정 결혼 상대를 찾는 사람이 대표적이다.

이처럼 경제 의존형 머니 스크립트를 가진 사람은 '스스로 돈을 벌어서 자기 삶을 개척해 나간다'는 인식 자체가 없다.

— 경제 의존형 머니 스크립트의 사람에게 착취당하는 유형

경제 의존형 머니 스크립트가 없다고 해서 안심은 금물이다. 살다 보면 이들과 엮여서 단물만 빨리고 버림받을 위험이

도처에 도사리고 있으니 말이다.

가끔 보면 소위 '나쁜 남자', '나쁜 여자'에게 끌려서 스스로 신세를 망치는 사람이 있다.

대개 이런 식이다. 빈둥거리는 백수와 사귀면서 생활비와 용돈을 대주는 한 여자. 그녀는 있는 돈을 남자에게 모조리 퍼 주고 헤어진 후 정신을 차려 번듯한 회사원과 사귀는가 싶더니, 어느새 남자는 직장을 그만두고 또다시 금전적으로 지원하는 그녀….

왜 자꾸 이런 상황이 되풀이될까? 경제적으로 남을 지원해 주는 사람은 외로움을 극도로 두려워하는 경향이 있다. 자기 돈을 주어서라도 상대가 나와 함께 있어 주기를 원한다. 이런 사람이야말로 경제 의존형 머니 스크립트를 가진 자에게 먹잇감이 되기 십상이다. '가까운 사람이 돈 때문에 힘들어하는 모습을 보고 싶지 않다'는 자기희생 머니 스크립트를 가진 사람이라면 특히 주의해야 한다.

✕ 일하면 월급을 받는 게 당연하다
○ 월급이란 가치를 제공한 대가다

[요주의 유형] 모든 유형

만일 당신이 회사원이라면 실적과 상관없이 꼬박꼬박 월급이 계좌에 입금될 것이다. 혹시 이 상황이 당연하다고 생각하는가? 만약 그렇다고 답한다면, 당신은 '경제 의존형 머니 스크립트 예비군'에 해당한다.

생각해 보자. 회사가 왜 직원에게 월급을 줄까? 날마다 출근해서 근무 시간을 채우니까? 아니다. 직원이 무언가의 가치를 창출했기 때문이다. 영업이라면 영업, 회계라면 회계, 총무라면 총무 등 회사에서 주어진 역할을 수행하며 가치를 제공했기 때문이다. 월급은 그 대가인 셈이다.

당신이 월급을 받는 이유는 일을 했기 때문이 아니라 회사에 가치를 제공했기 때문임을 기억하자.

— 베테랑이 가져야 할 루키 스마트

가끔 신입이 경력직보다 좋은 성과를 올리는 경우가 있다. 신입은 아무것도 모른다. 그렇기에 전문가에게 조언을 구하고 새로운 아이디어를 제안하는데 자유롭다. 신입은 어깨를 짓누르는 책임감과 부담감이 없다. 그렇기에 두려움 없이 적극적으로 행동한다. 오랜 시간 쌓은 경험과 지식에만 안주하는 경력직보다 호기심과 도전 의식으로 무장한 신입이 종종 최선의 성과를 올리는 이유다. 인재 육성과 리더십 분야의 권위자 리즈 와이즈먼(Liz Wiseman)은 자신의 저서 《루키 스마트》에서 다음과 같이 말한다. "오랜 경험을 쌓고 성공한 베테랑이라도 루키 스마트(신입 특유의 생각과 행동)를 가져야 빠르게 변하는 정글에서 살아남을 수 있다."

— 이직·전직은 절호의 찬스

당신이 막 이직이나 부서 이동을 한 상태라면, 지금이야말로 기회다. '루키 스마트'의 마인드를 가져라. 경험과 지식의 늪에서 벗어나 처음 시작하는 신입처럼 생각하고 행동하라. 이것만으로도 경제 의존 머니 스크립트 예비군에서 벗어날 수 있다.

✕ 돈 버는 법을 굳이 배울 필요는 없다

○ 자산을 관리하고 미래 계획을 세운다

[요주의 유형] 금전 기피 성향이 강하다

당신은 매달 무엇에 얼마를 썼는지 파악하고 있는가? 가계부를 쓴다고 해도 '이번 달은 저번 달보다 지출이 늘었네', '이번 달은 지출이 줄었네' 정도만 체크하는 사람도 많으리라. 하지만 명심하자. 돈 관리를 하는 이유는 달마다 지출 정도에 일희일비하기 위함이 아니다. 자산을 관리하고 미래 계획을 세우기 위함이다.

이 점에 대해서 회사원 A를 예로 들어 구체적으로 설명해 보겠다.

A의 월급은 28만 엔이다. 월세와 식비 등 한 달 지출은 23만 엔 정도로 매달 5만 엔이 남는다. 이 계산대로라면 월급이 입금된 직후 5만 엔을 투자해도 문제가 없다. 만약을 대비해 1만 엔씩 남겨 두더라도 4만 엔씩 투자가 가능하다. 가령 연 2차례 지급되는 상여금 중 10만 엔씩 투자한다 치면 연간 총 68만 엔 상당의 투자 자금이 생기는 셈이다. 이때 연 이자율 4%인 투자 상품이 있다면 복리 계산으로 다음과 같은 수익이 발생한다.

- 3년에 약 12.7만 엔(총자산 약 213만 엔)
- 5년에 약 35.8만 엔(총자산 약 370만 엔)
- 10년에 약 152만 엔(총자산 약 821만 엔)

미래 계획은 이렇게 세부적으로 세워야 한다.

— 소득이 늘어도 저축이 힘든 파킨슨의 법칙

'파킨슨의 법칙'이란 수입이 존재하는 한 업무량과 무관하게 조직이 비대해지는 현상을 설명하는 이론이다. 이 법칙은 소득과 투자에도 응용이 가능한데, 당신이 저축액(투자 금액)을 결정할 때 파킨슨의 법칙에 빠지지 않도록 주의할 필요가 있다. 파킨슨의 법칙을 돈의 관점에서 설명하자면, 소득이 늘면 늘어난 만큼만 지출하게 되어 돈이 쌓이지 않는 현상을 뜻한다. 일반적으로 소득이 늘면 쓸 수 있는 돈이 늘었다고 생각한다. 이런 마인드로는 소득이 늘어도 돈이 술술 빠져나가기만 한다. 앞으로는 소득이 늘어나면 저축액(투자 금액)도 늘어난다고 생각하자. 덧붙이자면, 일정 금액을 저축액으로 정해 두기보다 '소득의 몇 %는 투자(또는 저축)용으로 남겨 둔다'고 정하는 게 바람직하다.

당신을 가난하게 만드는 머니 스크립트 세 번째는 무계획 지출 머니 스크립트다. 이러한 머니 스크립트를 가진 사람은 그때그때 상황에 따라 흥청망청 돈을 쓴다. 그러다 빚까지 끌어 쓰고 결국 경제적 파국을 맞이할 가능성이 높다.

인간은 합리적으로 돈을 쓸까?

자신 있게 '그렇다'라고 대답한 사람도 알고 보면 낭비하고 있을지 모른다. 단지 낭비를 인식하지 못할 뿐. 이 사실은 앞에서 소개한 바 있는 코넬대학 경제학 교수 로버트 프랭크(Robert H. Frank)가 연구를 통해 증명한 바 있다.

다음과 같은 생각을 하는 사람은 무계획 지출 머니 스크립트를 가진 경우다.

✕ 사람의 가치는 소득과 자산으로 결정된다.
✕ 필요할 땐 빚을 져도 된다.
✕ 부업이나 사업을 하려면 돈이 필요하다.

언뜻 보면 무계획 지출과 상관없어 보이는 항목도 있지만 이는 결국 낭비로 이어진다. 자신은 결코 낭비하지 않는다고 생각하는 사람일수록 주의 깊게 읽어 보길 바란다.

무계획 지출 머니 스크립트는 금전 지위 성향이 강한 사람들의 특징이기도 하다. 모름지기 부자 체질은 절약을 기반으로 한다. 무계획 지출 머니 스크립트는 이러한 기반조차 쌓기 어려운 상태이므로 시급히 개선할 필요가 있다.

✕ 사람의 가치는 소득과 자산으로 결정된다
○ 사람의 가치는 스스로 결정한다
[요주의 유형] 금전 지위 성향이 강하다

자산과 소득이 사람의 가치를 결정한다는 생각은 왜곡된 머니 스크립트다. 하지만 요즘은 이러한 머니 스크립트가 갈수록 팽배해지고 있다. 당신은 '고소득자는 가치 있는 사람이다', '근사한 고급 주택에 사는 사람은 훌륭해 보인다'고 생각한 적이 있는가?

✕ 학창 시절 친구가 자기보다 연봉이 높으면 열등감을 느낀다.
✕ 회사 동료가 고급 시계나 고급 아파트를 장만했다고 하면 자존심이 상한다.

여기에 해당되는 사람은 '지출 폭포'에 빠지기 쉽다. 상품 자체에 가치를 느껴서 사는 게 아니라 주변 사람들이 사니까 덩달아 사는 식이다. 지출의 상한선이 없어지므로 부채가 늘어나 경제적 파산에 이르는 건 시간문제다.

― 절대 사지 않는 물건 목록 만들기

나는 평소 로고가 눈에 띄는 브랜드 제품은 절대 사지 않는다. 미국 노스웨스턴대학에서 브랜드 선호도를 조사한 연구에 따르면, 무력감이 강한 사람일수록 명품 로고가 뚜렷하게 박힌 브랜드 제품을 구매하는 경향이 있다고 한다. 자신감 없는 사람일수록 브랜드가 주는 힘으로 부족한 자신감을 메꾸려 한다는 얘기다.

나는 값비싼 신발도 사지 않는다. '비즈니스맨은 비싼 신발을 신어야 신뢰를 받는다'는 속설이 있다. 터무니없는 소리다. 신발 제조업체의 교묘한 선전이 아닐까 의심스럽다. 오히려 '비싼 신발보다 실용성이 좋고 저렴한 신발이 비즈니스 파트너에게 더 좋은 인상을 준다'는 사실이 과학적 연구를 통해 밝혀졌다.

돈으로 사람을 평가하는 사람은 나처럼 '절대 사지 않는 물건 목록'을 만들어 보기 바란다.

✕ 필요할 땐 빚을 져도 된다

○ 어려울 때를 대비해 저축해야 한다

[요주의 유형] 금전 기피 성향이 강하다, 금전 지위 성향이 강하다

흔히 '빚'이라고 하면 금융기관에서 돈을 빌리는 것을 떠올린다. 하지만 신용카드 할부나 결제성 리볼빙도 엄연한 빚이다. '지금은 돈이 없지만, 다음 달에 들어오는 월급으로 갚으면 되겠지'라며 신용카드로 일시불 결제하는 것도 마찬가지다. 세 가지 모두 미래의 나에게 돈을 빌리는 행위다. '지금만 좋으면 그만이다'는 단기적 금전 감각으로는 죽었다 깨도 돈은 모이지 않는다.

남에게 혹은 금융기관에게 돈을 빌린 적이 없다고 빚이 없는 게 아니다. 신용카드를 쓰는 현대인이라면 대부분은 빚을 지고 있다고 봐도 무방하다.

― 빚이 있으면 머리가 나빠진다?

아이디어스 42(ideas 42)라는 자선단체가 실시한 설문조사에 따르면, '뭔가 부족하다는 느낌은 뇌에 부정적인 영향을 미친다'고 한다.

무엇이 부족하다는 것일까? 구체적으로 시간이 부족하다,

잠이 부족하다, 돈이 부족하다 등이 있다. 실제로 부족한지의 여부는 중요하지 않다. 부족하다는 느낌만으로도 뇌에 부정적인 영향을 끼친다는 소리다. 이 연구에서는 낮은 소득으로 경제적 스트레스에 시달리는 싱가포르인을 대상으로 다음과 같은 테스트를 실시했다.

① 두뇌의 회전 속도를 나타내는 인지 기능
② 불안과 스트레스 수준
③ 금전적 손익 판단을 제대로 할 수 있는가

테스트 종료 후, 빚이 있는 참가자에게 빚 탕감을 약속했다. 그런 다음 다시 테스트했더니, 모든 테스트에서 수치가 개선되었다. '빚을 대신 갚아 주겠다'는 약속으로 ②에 해당하는 불안과 스트레스가 개선되었다는 건 굳이 설명할 필요가 없다. 그런데 ①과 ③까지 개선되었다는 건 무얼 뜻할까? '돈이 부족하다는 느낌'과 '매달 상환에 쫓기는 느낌'이 우리 뇌에 손상을 입힌다는 의미다. 그렇다. 빚은 인간의 마음뿐 아니라 머리까지 망가뜨린다. '필요할 때 빚을 내면 된다'와 같이 가난해지는 머니 스크립트가 있다면 당장 지워야 하는 이유다.

× 부업이나 사업을 하려면 돈이 필요하다

○ 돈이 없어도 돈을 벌 수 있다

[요주의 유형] 금전 숭배 성향이 강하다, 금전 지위 성향이 강하다

흔히 사람들은 생각한다. '돈을 벌려면 초기 비용과 설비 투자가 필요하다', '창업하려면 목돈이 있어야 한다' 등. 하지만 이렇게 생각하면 자기도 모르게 계획 없이 돈을 쓰고 만다.

창업한다면서 도심 번화가에 비싼 사무실을 마련한 다음, 호화 인테리어에 돈을 쓰고 값비싼 비품을 채워 넣는 식으로 말이다.

명심하자. 비즈니스 기본은 '작게 시작해 크게 키우기'다. 직종에 따라 좋은 위치에 사무실을 열어야 하는 경우도 있고, 비품에 돈을 써야 하는 경우도 있으리라. 그럼에도 불구하고 '초기 비용은 최소한으로 줄이기'는 모든 비즈니스에 해당되는 성공법칙이다.

— 절대 추천하지 않는 사업 세 가지

내가 절대 남에게 권하지 않는 사업 세 가지가 있다. 바로 '재고가 많이 쌓이는 사업', '고정비 부담이 높은 사업', '진입 장벽이 높은 사업'이 그것이다. 이유는 다음과 같다.

① 재고가 많이 쌓이는 사업: 매출이 늘어날수록 경비도 덩달아 늘어난다. 재고를 관리하기 위한 인건비와 물류창고도 필요하다. 실패했을 때 타격도 크다.

② 고정비 부담이 높은 사업: 고정비에 대한 스트레스로 판단력이 흐려질 가능성이 높다. 판단력이 흐려지면 그만큼 실패할 가능성도 커진다.

③ 진입 장벽이 높은 사업: 진입 장벽이 높으면 부담 없이 시작하기도, 아니다 싶었을 때 곧바로 발 빼기도 어렵다. 힘들게 그 장벽을 뚫었다 해도 이미 자리 잡은 경쟁사들과 치열한 생존 싸움을 벌여야 한다.

위의 세 가지는 정보력과 자금력이 있는 대기업에 걸맞은 사업이지, 일개인이 할 만한 사업이 아니다. 창업이나 부업을 시작하고 싶은가? 작게 시작하라. 초기 비용을 최소한으로 줄이는 것이 성공의 지름길이다.

당신을 가난하게 만드는 머니 스크립트 네 번째는 무절제 소비 머니 스크립트다. 당신은 예상치 못한 돈이 들어오면 어떻게 하는가? 생각보다 많은 금액이 보너스로 들어왔다면? 웬 횡재인가 싶어서 마음대로 써버리지는 않는가? 불로소득으로 생긴 돈을 무절제하게 소비하는 경향이 있다면, 여기서 소개하는 머니 스크립트를 주의 깊게 읽어 보기 바란다.

구체적으로 다음과 같은 사고방식을 가진 사람은 무절제 소비 머니 스크립트에 해당한다.

╳ 나는 돈을 가질 자격이 없다.
╳ 내가 벌지 않은 돈은 내 돈이 아니다.
╳ 남들보다 더 많은 돈을 가지는 것은 잘못이다.

공돈도 돈이다. 거저 생겼다고 함부로 써도 되는 돈이 아니라는 말이다. "보너스가 들어왔으니 오늘은 내가 한턱낸다!"고 떠벌리는 사람이 있다. 이런 사람이야말로 아무리 노력해도 돈이 모이지 않고, 오히려 돈이 술술 새 나가는 전형이다.

— 보너스가 초래하는 멀티태스킹 상태

저명한 행동경제학자이자 미국 듀크대학의 경제학 교수 댄 애리얼리(Dan Ariely)는 이렇게 말했다. "높은 보너스를 받을 예정인 사람은 그렇지 않은 사람에 비해 업무 성과가 떨어진다." 보너스를 받는다고 업무 성과가 떨어진다? 얼핏 이해가 가지 않는다. 그의 설명에 따르면, 성과를 높이려면 얼마나 업무에 몰입하는지가 관건이다. 그런데 높은 보너스를 받는다는 사실을 인지하면 뇌의 일부는 보너스를 생각하는 데 에너지를 소모한다. 중요한 업무에 100% 발휘해야 할 두뇌 자원을 보너스 생각에도 할애하는, 일종의 멀티태스킹 상태가 된다는 얘기다.

이처럼 보너스를 눈먼 돈, 공돈으로 여기고 어디에 쓸지를 고민하는 것은 여러모로 해롭다. '예상치 못한 수입이 생기면 저축(투자)에 쓴다'처럼 규칙을 정해 두자.

× 나는 돈을 가질 자격이 없다

○ 나를 보호하려면 돈이 필요하다

[요주의 유형] 모든 유형

자존감이 낮은 사람은 무의식적으로 '나는 돈을 가질 자격이 없다'고 생각한다. 그래서 뜻하지 않은 수입이 생겼을 때 도박이나 과소비로 돈을 탕진해 버린다.

누군가 경마에 3만 엔을 베팅했는데, 운 좋게 적중해 10만 엔이 되었다고 가정해 보자. 합리적인 사람이라면 어떻게 행동할까? 그 시점에서 그만두거나 다시 베팅하더라도 원금 3만 엔은 남겨 두고 나머지 7만 엔을 베팅한다.

하지만 '나는 돈을 가질 자격이 없다'는 머니 스크립트를 가진 사람은 가진 돈 전부를 베팅한다. 과연 그가 다음 경기에서 10만 엔 이상의 수익을 올릴 확률이 얼마나 될까?

나쁜 이성에게 휘둘리는 사람도 마찬가지다. 백수와 사귀면서 뼈 빠지게 일한 돈을 상대에게 바치는 사람이 있다. 이런 사람은 다정하고 성실한 상대가 나타나도 '나 같은 사람을 좋아할 리가 없다'고 지레짐작하며 스스로 행복을 포기해 버린다.

— 과학적으로 증명된 사실, '사람은 변할 수 있다'

미국 스탠퍼드대 심리학 교수 캐럴 드웩(Carol S. Dweck)은 오랜 연구를 통해 '사람의 성격은 바뀔 수 있다'고 결론 내렸다. 아울러 "자신도 타인도 변할 수 있다고 믿는 사람일수록 자존감이 높고 스트레스가 적으며 불안감을 덜 느낀다"고 말했다.

드웩은 가르치는 학생들을 대상으로 다음과 같은 실험을 했다. 학생들 일부에게 '사람은 누구나 변할 수 있다'고 가르친 다음 1년 후를 확인했다. 그랬더니 '사람은 누구나 변할 수 있다'고 가르치지 않은 학생들에 비해 학교생활에서 받는 스트레스가 현저히 줄고 성적도 올라갔다.

'나는 돈을 가질 자격이 없다'고 생각해 왔는가? 당신을 가난하게 만들고 자존감마저 갉아먹는 머니 스크립트를 버리고, '나를 지키려면 돈이 필요하다'는 머니 스크립트로 바꿔라. 이제는 당신도 달라질 수 있다. 사람은 변할 수 있는 존재이니까.

× 노동으로 벌지 않은 돈은 내 돈이 아니다

○ 어떻게 얻었든 간에 돈은 돈이다

[요주의 유형] 모든 유형

땀 흘려 일해서 얻은 대가가 아니면 '내 돈이 아니다'라고 생각하는 사람은 무절제 소비 머니 스크립트에 해당한다. 노동으로 얻은 돈만이 돈일까? 터무니없는 소리다. 복권 당첨이든 투자든 상속이든 노동이든 어떤 방법으로 얻었든 돈은 돈이다.

당신이 투자로 번 돈을 '노동으로 번 게 아니니 내 돈이 아니다'라고 생각한다면 평생 돈을 모으지 못할 확률이 높다. 10만 엔가량 비트코인을 구입하고 방치해 두었는데, 비트코인 가치가 급등해 50만 엔까지 올랐다고 치자. 세금을 빼면 순이익은 40만 엔. 합리적인 사람이라면 이 돈을 안정적인 투자로 돌리거나 필요한 물건을 구입하거나 저축할 것이다.

하지만 '노동으로 벌지 않은 돈은 내 돈이 아니다'라는 머니 스크립트를 가진 사람은 어떨까? 40만 엔은 '내 돈'이 아니다. 거저 얻은 '공돈'일 뿐이다. 그러니 필요하지도 않은 고급 시계나 브랜드 제품을 사는 등 무분별하게 써 버린다.

130

이 머니 스크립트는 유산 상속 시에도 위력을 발휘하는데, '유산은 내 돈이 아니다'는 왜곡된 인식이 그것이다. 그 결과 도박이나 리스크 높은 투자에 유산 받은 돈을 쏟아붓고 모조리 날려 버린다. 막대한 유산을 상속받은 사람들 중에 경제적 파탄이 이르는 경우, 이 머니 스크립트가 작동했을 가능성이 높다.

일본에서는 '열심히 일하는 것이야말로 미덕'이라는 인식이 강하다. 그 때문인지 '땀 흘려 일한 돈이 아니면 내 것이 아니다'고 생각하는 사람이 많다. 짐작건대 일본인 중에 이 머니 스크립트를 가진 비율이 높을 것이다.

누차 강조하지만 어떻게 얻었든 돈은 돈이다. 투자로 번 돈도 유산으로 받은 돈도 열심히 일해서 번 돈과 똑같이 소중하다.

✕ 남들보다 더 많은 돈을 가지는 것은 잘못이다

○ 상황이 바뀌면 사귀는 사람도 바뀐다

[요주의 유형] 모든 유형

주변 사람보다 부자가 되면 인간관계가 무너진다는 인식이다. 항상 주위 시선을 신경 쓰는 사람 중에 이 머니 스크립트를 가진 경우가 많다.

이들은 구체적으로 다음처럼 행동한다.

✕ 자기보다 연봉이 낮은 친구들과 있을 때는 가급적 돈 이야기를 피한다.

✕ 창업하고 싶지만, 동료들이 자기를 '돈에 연연하는 사람'이라고 여길까 봐 차마 말을 꺼내지 못한다.

✕ 이직하고 싶지만, 동료들이 '더 높은 연봉에 집착하는 사람'이라고 여길까 봐 차마 말을 꺼내지 못한다.

이런 사람은 주변 사람보다 자신이 돈을 더 많이 가진 상태, 혹은 가지려고 하는 상태가 되면 인간관계가 무너진다고 믿는다. 그렇게 될까 봐 일이나 돈에 대한 이야기를 가급적 피하거나 하고 싶은 일이 있어도 도전하지 못한다.

— 인간관계에 필요한 신진대사

인간의 몸에는 새로운 세포가 생기고 오래된 세포가 사라지는 '신진대사' 기능이 있다. 그런데 인간관계에도 신진대사가 필요하다.

지금 곁에 있는 사람과의 관계가 계속 이어지기를 바라는가? 하지만 본래 사람이란 끊임없이 변하는 존재다.

모든 것이 변해가는 상황에서 인간관계를 냉동 보관이라도 하듯 늘 같은 상태로 유지하기는 불가능하다. 때로는 새로운 인간관계를 만들고 오래된 인간관계를 끊어낼 줄도 알아야 한다. 당신이 경력을 쌓고 더 많은 돈을 벌고 싶다면 더더욱.

오래된 인간관계라도 상황이 변하면 과감히 끊어낼 줄 알아야 건강한 인간관계를 맺을 수 있다.

어른이 되면 어린이용 식단을 먹지 않는 것처럼 인생의 무대가 달라지면 만나는 사람도 달라진다. 두려워할 필요는 없다. 그것이 자연스러운 세상 이치니까.

당신을 가난하게 만드는 머니 스크립트 다섯 번째는 사기꾼에 쉽게 당하는 머니 스크립트다. 당신은 의심스러운 투자 이야기에 혹해서 사기를 당한 적이 있는가?

✕ 투자는 전문가가 하는 것이다.
✕ 투자란 어려운 것이다.

이렇게 생각하는 사람은 사기꾼이 접근해도 투자 지식이 없으니 사기인지 아닌지조차 판단하지 못한다. 이 머니 스크립트는 모든 유형의 사람이 주의할 필요가 있다.

- 금전 지위 성향이 강한 사람: 가장 주의해야 한다. 돈 많은 사람을 동경하므로 사기에 쉽게 넘어간다. 투자 이야기에 관심이 많아 늘 사기꾼의 표적이 된다.

- 금전 숭배 성향이 강한 사람, 돈에 대한 경계심이 약한 사람: 다소 주의해야 한다. '돈만 있으면 자유로워질 수 있다' 또는 '돈 쓰는 게 두렵지 않다'고 여기므로 돈 관련

이야기에 쉽게 현혹된다.

- 금전 기피 성향이 강한 사람, 금전 경계 성향이 강한 사람:
  돈을 싫어하거나 경계하므로 투자에 대한 리스크가 상대
  적으로 낮다. 단, 투자에 대한 지식이 없고 사기꾼인지 아
  닌지 판단하기 어려우므로 어느 정도 주의가 필요하다.

— 사기꾼에게 속기 쉽다: 대인관계 영향의 고려

'대인관계 영향의 고려'란 평소 타인의 시선을 얼마나 신
경 쓰는지를 의미한다. 타인의 시선을 신경 쓰는 사람일수록
투자 관련 사기에 쉽게 넘어가는 경향이 있다.

그 이유는 다음과 같다.

- 분위기를 망치고 싶지 않아 사기꾼의 설득에 넘어간다.
- 돈이 계속 줄어들어도 손실이 났다는 사실을 인정하고
  싶지 않아(주변에 알리고 싶지 않아) 사기꾼이 하는 말에 계
  속 휘둘린다.

평소 남의 눈치를 많이 보거나 거절을 잘 못하는 사람이라
면 각별히 주의가 필요하다.

✕ 투자는 전문가가 하는 것이다

○ 투자는 공부하고 스스로 판단하는 것이다

[요주의 유형] 전체 유형

'자고로 투자란 돈에 해박한 전문가들이나 하는 것이지, 일반인이 함부로 손대면 안 된다'고 생각하는 사람이 많다. 이런 머니 스크립트를 가진 사람일수록 자칭 '프로 투자자'라는 사기꾼에게 쉽게 속아 넘어간다.

'투자 사기'라고 하면 거창하게 들릴지 모르지만, 누구나 당할 수 있는 일이다. 2021년 한 해 동안 금융청에 접수된 '금전 관련 상담'(투자 상품, 암호 화폐 등)은 약 4만 건에 달한다. 사기 상담이 아니더라도 돈과 관련된 문제가 비일비재하게 발생한다는 뜻이다. 투자는 전문가들이나 하는 것이라고 생각하는 사람은 돈에 대해 공부하지 않는다. 그러다 전문가를 자처하는 가짜 투자자가 나타나면 '역시 투자는 전문가의 말을 들어야 한다'며 홀라당 넘어간다.

'투자는 전문가가 하는 것이다. 아마추어가 하기엔 리스크가 크다'고 믿는 사람은 오늘부터 머니 스크립트를 다음과 같이 재정립하자.

'투자를 배우지 않는 것이 바로 리스크다.'

— 스스로 생각한다

세계 최고 투자자 중 한 명인 워런 버핏(Warren Buffett)은 이렇게 말했다.

"투자는 자기 머리로 생각하는 게 가장 중요하다."

투자를 하는 사람, 앞으로 하려고 사람은 다음 세 가지를 명심하기 바란다.

① 유행하는 사업도 언젠가는 바람이 꺾인다.

② 한 번 성공했다고 해도 왜 성공했는지, 어떤 요소가 성공에 기여했는지 파악하지 못하면 의미가 없다.

③ 실패했을 때 왜 실패했는지 되돌아보지 못하면 성장할 수 없다.

이것은 투자만이 아니라 당신의 인생까지도 바꿀 수 있는 사고방식이다.

✕ 투자란 어려운 것이다
○ 투자는 누구나 할 수 있다
[요주의 유형] 모든 유형

투자는 누구나 할 수 있다. 직장인이든 가정주부든 누구든. 하지만 사람들은 투자라 하면 막연히 어렵고 두렵게 여긴다. 왜일까? 투자를 잘 모르기 때문이다. 모르니까 어렵고 어려우니 두렵다.

투자가 낯설고 부정적인 이미지여서 한 걸음을 내딛기가 힘든가? 그럼 작은 단계부터 시작해 보자. 증권사에 계좌를 개설하고 소액으로 주식이나 채권을 사 보는 식으로 말이다. 그 과정에서 '주식은 어떻게 사는가?', '어떤 종목을 사야 하는가?', '채권이란 무엇인가?' 등을 저절로 배우게 된다.

— 사업가는 투자에 적합하지 않다

백만장자들을 조사한 여러 연구를 보면 일반 직장인이나 가정주부들이 꾸준히 돈을 모아 투자한 결과 말년에 백만장자로 등극하는 경우가 많다. 오히려 높은 리스크를 무릅쓰고 한탕주의에 베팅하는 사람은 충동적인 욕망을 억누르지 못해 악수를 둔다.

투자에 적합한 유형을 순위별로 정리하자면 다음과 같다.

① 때로는 적절한 위험을 감수하고 승부를 걸 배짱도 있지만, 어디까지나 장기적인 관점에서 생각하고 충동을 억제하는 사람 (우수한 트레이더 등)

② 위험을 감수하지 않고 꾸준히 투자하는 사람 (일반 직장인, 주부 등)

③ 위험을 감수하고 큰 수익을 낼 기회를 엿보는 사람 (일부 사업가 등)

순위가 높을수록 투자에 적합하다. 이제 이해했는가? 투자란 일부 특별한 사람들만의 전유물이 아니라는 것을.

— 투자 수익은 1년에 한 번만 보라

당신이 증권사에 계좌를 개설하고 소액으로 투자를 시작했다면 한 가지 조언을 주겠다. 투자 수익은 월 단위보다 연 단위로 보기 바란다. 모름지기 인간이란 동물은 작은 단위로 사물을 보기 시작하면 사소한 손실에도 평정심을 잃고 판단력이 흐려지기 마련이다. 최대한 큰 단위로 보아야 장기적인 관점에서 투자를 생각할 수 있다.

당신을 가난하게 만드는 머니 스크립트 여섯 번째는 부자 회피 머니 스크립트다. 간단히 말해 '돈 버는 일'에 거부감을 느끼고 이를 피하려는 태도다.

나도 대학생 시절까지는 이런 머니 스크립트를 가지고 있었다. 나는 학창 시절부터 책이나 논문 읽기를 좋아했다. 지금은 책과 논문을 통해 얻은 지식을 바탕으로 유튜브와 'D랩' 채널에서 사람들의 생활과 업무에 유용한 정보를 제공한다. 취미를 돈벌이로 바꾼 셈이다.

만일 내가 부자 회피 머니 스크립트를 바꾸지 못했다면 어땠을까? 취미를 돈벌이로 연결하는 발상 자체도 못 했을 뿐더러 설령 했다 한들 '독서를 돈으로 바꾸는 건 당치도 않다'는 생각 때문에 실행에 옮길 엄두도 내지 못했으리라.

이처럼 부자 회피 머니 스크립트가 있으면 돈 버는 일에서 멀어지고 스스로 기회를 날려 버린다. 다음과 같은 사고방식을 가진 사람은 무의식적으로 부를 외면해 금전적 빈곤을 초래한다.

× 돈은 나중에 들어온다.

× 적은 돈으로 생활하는 것이 미덕이다.

× 돈은 땀 흘려 일한 대가다.

이 중 하나라도 '이게 왜 문제가 되지?'라고 생각한다면 경각심을 가져라. 특히 금전 기피와 금전 경계 성향이 강한 사람은 이 머니 스크립트를 가지기 쉽다.

✕ 돈은 나중에 들어온다
○ 돈은 지금 받아야 한다
[요주의 유형] 금전 기피 성향이 강하다

'돈은 나중에 들어온다'는 부자 회피 머니 스크립트는 장인정신이 투철한 사람이나 예술가들에게 많이 보이는 금전관이다. 자신이 하는 일에 자부심을 갖고 품질에 집착하는 사람일수록 돈에 큰 의미를 부여하지 않는다.

누군가는 이렇게 생각하리라. 돈에 연연하지 않고 자기 일을 열심히 하다 보면 돈은 저절로 따라온다고. 지금 당장 돈을 벌지 못해도 가치 있는 일을 하다 보면 언젠가 보상을 받을 수 있다고.

내 생각은 다르다. 지금 가치 있는 일을 했다면 지금 당장 가치에 걸맞은 돈을 받아야 한다.

— 가치를 제공하지 못했다면

'뛰어난 사람은 돈에 연연하지 않는다.', '돈은 나중에 들어온다'는 머니 스크립트에 잠재된 위험성이 하나 있다. 바로 '내가 가치를 제공하지 못했을지도 모른다'는 생각을 꿈에도 하지 못한다는 것이다. 돈이 당장 들어오지 않아도 '언젠가 이 사회가 나를 알아줄 날이 오겠지'라며 헛된 꿈을 꾸는 것만큼 안쓰러운 일도 없다. 그런 모습을 보이고 싶지 않다면 오늘부터 돈에 대해 진지하게 공부하라. 돈이야말로 자신이 하는 일에 가치가 있는지, 자기만족에 불과한 건 아닌지 판단해 주는 바로미터이므로!

— 현실을 직시하라

학창 시절, 주변 어른들에게 '현실을 직시하라'는 말을 듣곤 했다. 돌아보건대 나에게 그 조언은 '헛된 꿈 꾸지 말고 시궁창 같은 현실을 있는 그대로 받아들여라'는 그야말로 최악의 의미였다. 본래 '현실을 직시하라'는 조언은 '현실을 바꾸기 위한' 의미다. 이제부터는 자기가 처한 상황을 바꾸기 위해 현실을 똑바로 보기 바란다. 이것이야말로 '돈은 지금 받아야 한다'는 머니 스크립트로 이어진다.

✕ 적은 돈으로 생활하는 것이 미덕이다

○ 필요한 경우엔 돈을 써야 한다

[요주의 유형] 금전 경계 성형이 강하다

'적은 돈으로 아끼며 살자'는 생각 자체는 좋다. 하지만 '적은 돈으로 생활하는 것이 미덕'이란 생각은 과도한 절약과 인색한 소비로 이어져 풍요롭고 성취하는 인생에서 영영 멀어지게 만든다.

✕ 꼭 필요한 생활용품만 구매하고 돈이 많이 드는 취미생활은 일절 하지 않는다.

✕ 외식·여행도 하지 않으며 사물을 판단하는 기준은 오직 '가격'이다.

✕ 극도로 청빈한 생활을 영위한다.

이런 사람은 10만 엔짜리 물건을 1만 엔에 사도 그게 이득인지 모른다.

돈을 모으기 위해 절약은 중요하다. 하지만 돈을 모으는 것 자체가 목적이 되면 인생의 여러 가능성을 놓치게 된다. 당신에게 수익을 가져다줄 가능성, 더 나아가 당신이 성장하고 행복해질 가능성 말이다.

— 패스트푸드점이 많은 지역은 저축액이 적다?

캐나다 토론토 대학의 연구에 따르면, '패스트푸드점이 많은 지역일수록 저축액이 적다'는 경향이 있다고 한다. 패스트푸드는 왜 사람들을 가난하게 만들까?

① 고지방 음식을 먹을수록 낮에 졸음이 몰려와 업무 생산성이 떨어진다.

② 패스트푸드 로고만 봐도 인간의 뇌는 조급함을 느끼고 불안감이 커진다.

③ 패스트푸드를 상상하는 것만으로도 도파민이 왕성하게 분비되어 눈앞의 유혹에 취약해진다.

①은 널리 알려진 이야기지만 ②, ③까지 고려하면 패스트푸드가 우리 삶에 미치는 영향이란 실로 무서울 정도다.

부자들이 주로 먹는 음식은 패스트푸드의 반대라고 생각하면 된다. 채소·과일·단백질·해산물을 골고루 섭취하는 식사는 업무 생산성을 높이는 데다 체내 염증을 억제해 질병에 걸릴 위험을 줄인다.

저렴한 끼니를 빨리 해결해 주는 패스트푸드에 익숙해져 있는가? 장기적으로 보면 패스트푸드야말로 돈을 아끼는 식사가 아니라 돈이 더 나가는 식사다. 건강, 업무 능력 등 본질적인 가치를 생각한다면 패스트푸드는 가급적 멀리하라.

✕ 돈은 땀 흘려 일한 대가다

○ 적은 시간에 더 많은 돈을 번다

[요주의 유형] 금전 기피 성향이 강하다

노동시간이 매일 8시간이고 연봉이 500만 엔인 프리랜서 A씨가 있다. A씨가 부자 머니 스크립트를 가지고 있다면, 관련 공부를 해서 생산성을 높이거나 남에게 업무를 위탁하고 관리자 역할을 맡을 것이다. 이런 식으로 품질은 그대로 유지하면서 4시간 정도 노동으로 지금과 같은 성과를 낸다면 남는 시간에 부업도 가능하다. 하지만 '돈은 땀 흘려 일한 대가다'라고 믿는 사람은 이런 행동을 돈벌이에 급급한 속물 근성으로 취급한다.

✕ 필요 이상으로 돈을 벌려고 하는 건 점잖지 못하다.

✕ 남에게 일을 떠넘기고 편히 돈 벌려고 하는 건 잘못이다.

✕ 현재 수입에 만족하는 마음가짐이 중요하다.

이런 머니 스크립트를 가진 사람은 아무리 열심히 일해도 돈이 모이지 않는다. 중요한 것은 오래 일하는 것이 아니라 가치를 제공하는 것이다. 이 사실을 깨달아야 '적은 시간에 더 많은 돈을 번다'는 머니 스크립트로 재정립할 수 있다.

— 20%에 집중한다

'20대 80의 법칙'이라는 게 있다. 80%의 성과는 20%의 노력으로 이루어진다는 것으로 중요한 소수가 결과의 대다수를 이끌어 낸다는 뜻이다. 이를 개인 차원에 적용하자면, 우리가 20%의 중요한 일에 집중하면 80% 이상의 큰 성과를 기대할 수 있다는 얘기다.

코로나 이후 원격으로 근무하는 회사원이 많아졌다. 당신은 원격근무가 시작되면서 일하는 시간이 늘어났다고 느끼는가? 업무 시간이 늘어났다고 느꼈다면 비효율적으로 노동 시간을 보내고 있을 가능성이 높다. 우선순위를 잘못 정한 탓이다. 한 가지 팁을 주겠다. 하루 중 가장 집중력이 좋은 오전에 중요한 20% 일을 하라. 남은 시간에는 중요하지 않은 나머지 80%를 처리하고 말이다. 이런 식으로 우선순위를 정하면 업무도 일찍 끝나고 그런 만큼 개인 시간도 늘어난다. '적은 시간에 더 많은 돈을 번다'는 머니 스크립트는 당신의 인생을 더욱 풍요롭게 만들어 줄 것이다.

앞에서는 부를 회피하는 사람들에 대해 살펴보았다. 이제부터는 회피가 아니라 혐오이다. 부자 혐오 머니 스크립트는 부자 회피 머니 스크립트에서 더욱 악화된 상태로 보면 된다. 포털이나 유튜브 등에서 날 선 댓글을 달면서 영웅 행세를 하는 사람들이 있다. 부자 혐오 머니 스크립트 소유자의 전형적인 특징이다. 그들은 돈 잘 버는 사람을 혐오하고 인신공격에 가까운 악플을 퍼붓는다.

그들은 구체적으로 부자에 대해 다음과 같이 생각한다.

× 부자는 남을 이용한다.
× 부자는 탐욕스럽다.
× 부자는 인격에 문제가 있다.
× 부자는 고독하다.

부자가 되고 싶은가? 그럼 부자들과 교류하고 그들이 사는 세상을 알기 위해 노력하라. 부자는 누구보다도 돈 버는 방법에 빠삭하다. 돈 버는 이야기가 부자들 귀에 제일 먼저 들어가니 그럴 수밖에. 부자들을 혐오하는 사람 치고 돈 되는 정보를 들은 적이나 있을지 의문이다.

— 남을 함부로 공격하는 사람들: 도덕적 스탠드 플레이

야구에서 '스탠드 플레이'(stand play)는 관중을 의식한 과장된 플레이를 말한다. 요즘은 자기를 과시하기 위해 도덕적 이야기를 할 때도 사용된다. 포털이나 유튜브에서 사회적 약자나 소수자에게 악성 댓글을 다는 행위가 전형적인 예이다. 특히 도덕적 스탠드 플레이라고 하면 '정의로움'을 명분으로 타인을 공격해 도덕적 우월감을 느끼는 행위를 말한다.

이런 행동을 하는 사람들은 타인에게 깊은 인상을 남기고, 타인에게 관심도 받으며, 사회적 지위까지 얻고 싶은 심리가 있다. 그래서 그들은 부자에 대해 잔뜩 날을 세운다. '부자는 인격적으로 문제가 있다'는 식으로 그들을 공격하며 도덕적 우위를 차지하려 한다.

하지만 그런다고 남보다 정의로워질 수도, 경제적 보상을 받을 수도 없다. 오히려 돈에서만 멀어질 뿐이다. 부자 혐오 머니 스크립트를 가진 사람은 자신이 남에게 영향을 끼치고 정의로운 사회를 구현한다고 착각하지만, 실상은 누군가를 조롱하고 비방하는 키보드 워리어에 불과하다. 그 자체가 위법은 아니지만 사회적으로는 해악이 된다.

✕ 부자는 남을 이용한다
○ 부자는 타인과 상호 윈윈 관계를 맺는다
[요주의 유형] 금전 기피 성향이 강하다

'부자는 늘 남을 이용해 먹는 악인들이다'라는 인식을 가지면 돈을 악으로 간주한다. 생각해 보라. 부자는 악인인가? 부자들의 행동을 관찰하다 보면 알게 되는 사실이 있다. 돈을 많이 가진 사람일수록 자원봉사나 자선사업 등 대가 없이 남에게 금전적 도움을 준다.

— 기부는 행복도를 높인다

마이크로소프트 창업자 빌 게이츠(Bill Gates)는 전 부인 멀린다와 함께 빈곤과 불평등으로 고통받는 사람들을 돕고자 '빌 & 멀린다 게이츠 재단'을 설립했다. 그 후에도 세계 최고 투자자 워런 버핏과 함께 더기빙플레지(The Giving Pledge)라는 자선단체를 설립하고 기부 활동을 벌이고 있다.

부자는 왜 기부와 자선활동에 적극적일까? 자신이 행복해지기 때문이다. 이는 미국 하버드 경영대학원 교수 마이클 노턴(Michael Norton)의 연구와 일본 히토쓰바시 대학의 연구 등에서 증명된 바 있다.

어느 실험에서 길 가는 사람들에게 5달러에서 20달러 사이의 액수가 든 봉투를 건넸다. 봉투에는 돈과 함께 '그 돈을 당신을 위해 써 주세요'라고 적힌 종이와 '그 돈을 타인을 위해 써 주세요'라고 적힌 종이를 각각 넣었다. '나를 위해 돈 쓰기'와 '타인을 위해 돈 쓰기' 중 어느 쪽이 행복도가 높은지 알아본 것이다. 결과는 어땠을까? 타인을 위해 돈을 쓴 쪽의 행복도가 월등히 높았다. 그렇다. 우리는 누군가에게 베풀 때 행복을 느낀다. 부자가 남보다 희생정신이 남달라서 기부하는 게 아니다. 스스로 행복해지기 위해서다.

기부뿐만 아니라 투자도 마찬가지다. 투자의 기본은 무엇일까? '지금 너에게 돈을 빌려주지만, 네가 돈을 벌 수 있게 되면 나에게 돌려줘'다. 투자하는 사람(돈 가진 사람)과 투자 받는 사람 모두가 행복해지는 윈윈 구도인 셈이다.

부자는 높은 확률로 자신과 타인 모두 행복해지는 길을 선택한다. '부자는 남을 이용한다'는 오해를 버리자. 오히려 부자와 윈윈 관계를 만들수록 돈을 모으기도 쉽다.

✕ 부자는 탐욕스럽다

○ 돈이 없으면 눈앞의 욕망에 현혹된다

[요주의 유형] 금전 기피 성향이 강하다

'부자는 탐욕스럽다'고 생각하는가? 물론 부자가 된 사람 중에는 욕심이 많아서 일에 몰두하고 사업을 성공시킨 경우가 많다. 하지만 욕심이 많은 것과 부도덕한 방법을 쓰는 건 다른 문제다.

오히려 가난한 사람일수록 자제력이 부족한 경향이 있다. 돈에 쪼들리면 눈앞의 욕망에 현혹되어 정상적으로 판단하기가 어려우니까. '돈이 없다'는 사실이 부도덕한 방법을 쓰는 계기가 된다는 소리다.

― 돈과 지능의 연관성

돈이 없으면 지능이 떨어진다. 생각해 보라. 머릿속이 돈에 대한 불안과 스트레스로 가득 차 있는데 제대로 판단을 내릴 수 있겠는가. 이런 사람은 돈이 없는 이유가 자기 때문이라는 사실을 인정하지 못한다. 그래서 온라인 공간에서 부유한 사람을 헐뜯고 조롱하며 비방한다.

이런 태도가 심해지면 주변 동료나 친구도 공격의 대상이 된다. 동료가 부업이나 투자로 수익을 올리면 '돈에 눈이 멀었다', '탐욕에 찌들었다'며 인신공격도 서슴지 않는다.

— 걸러야 할 조언

만약 당신이 부자 혐오 머니 스크립트의 공격 대상이 되었다면? 인연을 끊는 게 좋지만 현실적으로 어렵다면 최대한 거리를 둬라. 상대가 당신을 비꼬거나 험담할 뿐이라면 그나마 양반이다. 최악은 당신을 위해 주는 척 다음처럼 말하는 부류다.

- "내가 어렸을 때는…" (자기 무용담을 떠벌릴 뿐이며 지금은 통하지 않으니 들을 필요 없다)
- "다 너를 위해서 하는 말이야." (하찮은 자존심을 지키려 할 뿐이니 들을 필요 없다)
- "여기서 그만두는 게 좋아." (변화나 도전이 두려울 뿐이니 들을 필요 없다)
- "너도 이제 그만…하는 게 어때." (자기 가치관을 강요할 뿐이니 들을 필요 없다)
- "세상은 그리 만만치 않아." (자기 방식이 세상에 통하지 않았음을 인정하고 싶지 않을 뿐이니 들을 필요 없다)

✕ 부자는 인격에 문제가 있다

○ 자산과 인격은 관계가 없다

[요주의 유형] 금전 기피 성향이 강하다

'부자는 인격에 문제가 있다'는 머니 스크립트는 앞서 언급한 '부자는 남을 이용한다', '부자는 탐욕스럽다'는 왜곡된 사고에서 비롯된 것이다.

이 머니 스크립트에는 무서운 점이 있다. 부자는 인격에 문제가 있다고 믿는 사람은 그 반대도 믿는다. 즉, 인격에 문제가 있는 사람을 보면 부자라고 여긴다는 얘기다. 그들이 '오만하고 무례하지만 돈은 제법 있어 보이는 사람'에게 쉽게 당하는 이유다.

— 사기꾼의 속임수를 간파하는 요령

당신은 상대의 표정이나 몸짓을 보고 사기꾼의 속임수임을 알아차릴 수 있는가? 미국 예일 대학에서 행한 연구는 이것이 불가능에 가깝다는 사실을 알려 준다.

1,800명의 미혼남녀를 세 집단으로 나눈 다음 '상대의 감정을 읽고 점수를 매겨 달라'고 말하고 다양한 실험을 진행했다.

① 상대의 얼굴에만 주목한다.

② 상대의 목소리만 주목한다.

③ 상대의 얼굴과 목소리 모두 주목한다.

모든 실험에서 ②에 속한 집단이 압도적으로 점수가 높았다. 목소리에만 집중한 집단이 상대의 속마음을 알아차리는 능력이 가장 좋았다는 얘기다. 왜일까? 인간의 뇌는 기본적으로 멀티태스킹에 서툴다. 시각 정보를 처리하는 동시에 청각 정보를 처리하는 행위는 뇌에 과도한 부담을 준다. 그러니 상대가 하는 이야기가 의심스럽다면 얼굴을 보지 말고 목소리에 주목해 보라. 한 가지 청각 정보만 처리하는 목소리에 비해 여러 군데 시각 정보를 처리하는 얼굴은 상대적으로 멀티 태스킹에 가까우니까.

단, 이것은 어디까지나 요령에 불과할 뿐 사기꾼에게 속기 쉬운 성격을 근본부터 바꿀 순 없다. 변화는 하루아침에 일어나지 않는다. 당신을 부유하게 만들 새로운 사고와 삶을 갖고 싶다면 인내와 용기가 필요하다. '부자는 인격에 문제가 있다'는 근거 없는 신념을 지우고 '자산과 성격은 관계가 없다'는 머니 스크립트로 재정립하기부터 시작하자.

✕ 부자는 고독하다

○ 자발적으로 혼자를 선택하는 경우가 있다

[요주의 유형] 금전 기피 경향이 강하다

드라마나 영화를 보면 '가족도 친구도 없이 고독하게 사는 부자' 설정이 많다. 그래서인지 '돈이 많으면 주변 사람들과 멀어지고 인생이 외로워진다'고 생각하는 사람이 적지 않다. 정말 그럴까?

학창 시절 친구가 창업으로 대박이 나서 부자가 되었다고 해 보자. 그 친구를 떠올리면서 "예전에는 친했는데 요즘은 통 연락이 없다. 부자가 되더니 사람이 변했다"고 험담하는 사람이 있다. 하지만 이는 사실이 아니다. 친구가 변한 게 아니라 친구를 둘러싼 환경이 변한 것이다. 사람은 주변 상황이 바뀌면 만나는 사람도 바뀌기 마련이다.

'부자는 고독하다'는 머니 스크립트를 가지면 다음과 같은 상황에 빠지기 쉽다.

✕ 연봉을 올릴 기회지만 동료들이 돈만 좇는다며 비난할 것 같아 이직을 포기한다.

✕ 투자로 수익을 얻을 것 같지만 그러면 나에 대한 나쁜 소문이 돌 것 같아 행동에 옮기지 못한다.

이런 식으로 스스로 돈을 멀리한다.

— 부자는 자율적 동기를 활용한다

'부자는 고독하다'는 오해에 불과하지만 실제로 부자들은 지인 초대를 거절하거나 사교모임을 마다하고 혼자 시간을 보내는 경우가 많다. 왜일까? 혼자만의 시간이 중요하다는 것을 알기 때문이다. 자신을 위해 오롯이 혼자만의 시간을 선택하는 것을 '자율적 동기부여'라 한다. 부자 체질인 사람은 이것을 잘 활용할 줄 안다.

이를테면 다음과 같은 식이다.

- 주말에 친구들과 식사하는 대신 자기 계발을 위해 시간을 쓴다.
- 회식에 참석하는 대신 재충전하는 시간을 갖는다.

한정된 시간을 유익하게 사용하라. 그것이야말로 당신이 더 성장하고 더 부유해지는 비결이다.

이제 '부자는 고독하다'는 머니 스크립트를 지울 준비가 되었는가?

당신을 가난하게 만드는 머니 스크립트 여덟 번째는 도박형 머니 스크립트다. 이 스크립트를 가진 사람은 구체적으로 다음처럼 행동한다.

- 과거 수차례 도박으로 돈을 날렸음에도 여전히 도박을 끊지 못한다.
- 스트레스를 받으면 이를 잊기 위해 도박을 한다.
- 가족이나 지인에게 도박하는 것을 숨긴다.

다음 항목에는 도박과 무관한 요소가 있어 보여도 알고 보면 모두 도박형 머니 스크립트에 해당한다.

× 돈을 벌려면 위험을 감수해야 한다.
× 인생은 짧다.
× 경쟁 사회에서 승자가 되고 싶다.
× 노력하면 반드시 이긴다.

— 도박하면 노화가 빨리 온다?

미국심리학회가 발표한 '일상적으로 만성 스트레스에 시달리는 사람이 취하기 쉬운 행동'으로 술·담배·쇼핑·도박이 꼽혔다. 도박하면 뇌가 과도한 흥분 상태에 빠지고 스트레스 반응이 강하게 나타난다. 스트레스는 건강에 악영향을 끼치고 급속한 노화로 이어진다. 도박에 중독된 사람이 그렇지 않은 사람보다 노화가 빨리 오는 이유가 여기에 있다.

명심하자. 도박에 빠져서 잃게 되는 건 돈만이 아니다. '스트레스', '면역력 저하' 등 장기적으로 인생에 해악을 끼치는 숨겨진 비용도 발생한다.

× 돈을 벌려면 위험을 감수해야 한다

○ 꼼꼼히 조사해서 어느 정도 위험은 감수한다

[요주의 유형] 금전 기피 성향이 강하다, 금전 숭배 성향이 강하다, 금전 지위 성향이 강하다

'돈을 벌려면 위험을 감수해야 한다'고 생각하는 사람은 도박형 머니 스크립트를 가질 확률이 높다. 만일 당신이 여기에 해당되는데, 창업을 염두에 두고 있다면 각별히 주의할 필요가 있다.

일본에서는 창업 자체를 리스크라고 간주하는 경향이 강하다. 물론 창업하는 사람들이 여러 리스크를 감수하는 건 사실이다. 안정적으로 월급을 받던 회사를 하루아침에 그만두는 것도, 금융기관이나 투자자에게 적지 않은 이자율로 돈을 빌리는 것도 모두 위험을 감수하는 일이니까. 어떤 사람은 자기가 가진 자산을 몽땅 사업에 쏟아붓기도 한다.

그렇다면 성공하는 창업가들은 어떨까? 그들은 겉으로는 위험을 감수하는 듯하지만, 속으로는 리스크를 최소화하기 위해 노력한다. 진출하려는 사업을 철저히 조사하고, 경쟁사, 미래 전망, 진입 장벽 등 모든 리스크를 꼼꼼히 파악한다. 그런 다음 '해볼 만한 여지가 있다'고 판단될 때만 사업을 시작한다. 이것이 성공하는 창업가의 기본 마인드다.

— 새로운 도전에 활용하는 테크닉, 이펙추에이션

'이펙추에이션'(effectuation)은 미국 버지니아 대학의 다든 경영대학원 교수 사라스 사라스바티(Saras D. Sarasvathy)가 성공한 창업가들의 사고방식과 행동 양식을 체계화한 이론이다. 사라스바티는 말한다. 당신이 어떤 도전을 할 때, 그것이 성공할지를 생각하기보다 실패했을 때 얼마나 견딜 수 있을지를 생각하라고.

구체적으로는 다음과 같다,

• 1년간 수익이 나오지 않는다면 ○를 하며 견딘다.
• 가족이나 투자자가 반대할 때를 대비해 그들을 설득할 자료와 근거를 준비한다.

창업을 꿈꾸고 있는가? 그렇다면 실패에 대처하는 법, 위기가 닥쳤을 때 견딜 수 있는 기간 등 앞으로 일어날지 모를 리스크와 그에 대한 대비책을 명확히 작성하라. 실패에 대한 불안이나 두려움을 줄이고 앞으로 힘차게 한 발 내딛는 원동력이 되어 줄 것이다.

✕ 인생은 짧다

○ 인생은 길다

[요주의 유형] 모든 유형

'인생은 짧으니 즐기면서 살아야 한다'는 머니 스크립트를 가진 사람일수록 눈앞의 이익만 좇다가 도박에 빠져든다. 우리가 장기적인 관점에서 세상을 바라봐야 하는 이유다.

20년 후를 내다보며 인생을 설계하는 A와 현재만 생각하며 사는 B를 비교해 보자. 두 사람은 같은 회사에 근무하는데 이번에 보너스로 60만 엔을 받았다.

- 먼 미래를 내다보는 A: 60만 엔 중 30만 엔은 장기 투자로 돌리고 나머지 30만 엔은 생활비로 사용한다.
- 현재만 생각하는 B: 해외여행, 고급 시계, 값비싼 외식 등 눈앞에 당장 기쁨이나 즐거움을 제공하는 것에 보너스 전액을 사용한다.

둘 중에 돈이 모이지 않는 쪽은 누구일까? 답은 뻔하다. 인생 100세 시대에, '인생은 짧다'는 머니 스크립트야말로 경제적 삶을 망치는 지름길이다.

— 세상은 단기적인 방향으로 나아간다

현시대 최고의 경영 사상가 50명을 선정해 2년마다 발표하는 '싱커스 50'(Thinkers 50). 여기서 수여하는 최고 업적상은 '경영학계의 노벨상'으로 불린다. 싱커스 50에 2번이나 선정된 바 있는 도리 클라크(Dorie Clark)는 자신의 저서 《롱게임》에서 "단기적인 방향으로 살면 장기적인 삶에서는 손해"라고 주장한다.

생각해 보라. 예전에는 2시간을 투자해 영화를 봤다면, 이제는 1시간짜리 TV 드라마에 익숙해졌다. 심지어 1시간도 견디지 못해 10분, 20분 만에 끝나는 유튜브 영상을 본다. 급기야 요즘에는 그보다 짧은 틱톡이 등장했다.

짧은 시간에 가볍게 보고 즉각적인 결과를 원하는 시대다. 하지만 그럴수록 우리는 세상의 단기적 흐름에 휩쓸리지 말고 장기적으로 세상을 바라보는 태도를 가져야 한다.

✕ 경쟁 사회에서 승자가 되고 싶다
○ 불필요한 경쟁은 피하는 게 상책이다
[요주의 유형] 모든 유형

'인생에는 반드시 승패가 있고 나는 승자가 되고 싶다'는 생각은 도박성 머니 스크립트로 이어지기 쉽다. 부자 체질인 사람은 '헛된 승부는 가급적 피한다'는 마인드를 갖고 있다. 내가 대표적 사례다.

나는 비즈니스 관련 지식을 대중에게 제공하는 자 중에서 수입으로만 보면 상위권에 속한다고 자부한다. 비결은 헛된 승부를 피한 덕분이다.

내 주요 수입원 중 하나인 'D랩'은 자체 플랫폼을 구축하고 있다. 그래서 바닷가 모래알처럼 많은 유튜버와 치열하게 경쟁할 필요가 없다. 일단 'D랩'에 유료 회원으로 가입하면 다른 비즈니스 채널을 운영하는 사람들과 비교될 일이 없기 때문이다.

덕분에 나는 유튜브라는 공간에서 경쟁하지 않고 'D랩'의 유료 회원 수를 늘리면서 상당한 고수익을 얻을 수 있었다. 만일 유튜브에서 경쟁했다면? 단언컨대 지금과 같은 성과를 얻지 못했으리라.

— 레드 오션을 피해야 하는 이유: 가면 증후군

사회적으로 성공했는데도 자기 성취를 받아들이지 못하고 자신이 창출한 가치를 가짜라고 믿는 심리를 '가면 증후군' (impostor syndrome)이라고 한다. 미국 미드웨스턴 대학에서 818명의 학생을 대상으로 한 연구에 따르면 가면 증후군이 생기는 원인 중 하나는 '치열한 경쟁 환경'이라고 한다.

예를 들어, 증권사나 보험사 등 영업 실적을 놓고 피 말리게 경쟁하는 환경에서는 서로가 서로에게 경쟁자다. 이런 환경에 있을수록 사람은 가면 증후군에 걸리기 쉽다.

'남의 떡이 더 커 보인다'는 속담처럼, 인간에게는 타인의 성과가 더 훌륭해 보이는 심리가 있다. 경쟁 환경에 놓인 것만으로도 실제 능력과 무관하게 자신감이 떨어지는 이유다.

불필요한 경쟁은 피하는 게 상책이다. 과도한 경쟁 환경에서 벗어나라. 당신의 비즈니스와 심리적 안정 모두를 위해.

✕ 노력하면 반드시 이긴다

○ 이기는 것보다 지지 않는 게 중요하다

[요주의 유형] 모든 유형

돈을 버느냐 못 버느냐. 그게 투자의 전부다. 필연적으로 승패가 발생한다는 소리다. '노력하면 반드시 이긴다'는 머니 스크립트는 이 세계에서 살아남는 데 걸림돌이 되고 '이기는 것보다 지지 않는 게 중요하다'는 머니 스크립트는 디딤돌이 된다.

투자의 신으로 불리는 워런 버핏, 그는 투자할 때 다음의 규칙을 철저히 지킨다.

• 규칙 1: 절대로 손해 보지 않는다.
• 규칙 2: 규칙 1을 절대로 잊지 않는다.

당신이 무언가에 투자한다면 아마도 수익 증가에 초점을 맞출 것이다. '어떤 기업의 주가가 오를까?'. '어떤 식으로 매매해야 수익을 극대화할 수 있을까?'처럼 말이다. 하지만 버핏의 규칙에 따르면, 수익을 보는 것보다 손해를 보지 않는 게 먼저다.

— 잘나가는 멘탈리스트가 4,000만 엔을 날린 이유

내가 멘탈리스트로 방송에서 유명세를 타기 시작할 무렵, 4,000만 엔이 넘는 투자 사기를 당한 적이 있다. 당시 나는 대학원생으로 방송에 데뷔한 지 1년이 갓 지난 때였지만 이미 연 수입은 1억 2,000만 엔에 달했다. 그 정도로 고수입을 올릴 수 있었던 건 내가 잘나서가 아니다. 날마다 방송·세미나·강연 등 가히 살인적인 스케줄을 소화한 결과다.

그렇게 힘들게 번 돈을 '매달 10% 수익률을 보장한다'는 말에 솔깃해 4,000만 엔을 투자했는데 그만 사기를 당하고 말았다. '나는 멘탈리스트니까 사람 보는 눈이 있다'고 과신한 탓이다.

버핏은 이렇게 말했다. "위험이란 자신이 무엇을 하는지 잘 모를 때 발생한다."

명심하자. 이 세상에 반드시 이기는 승부란 없다. 당신이 평소 이기는 것보다 지지 않기 위해 노력해야 하는 이유다. 내 쓰라린 경험을 통해 단언할 수 있다.

어느 순간 리볼빙 결제 금액이 감당하기 힘들 만큼 눈덩이처럼 불어난 적이 있는가? 만일 당신이 다음 중 한 가지라도 해당된다면 충동구매 머니 스크립트를 가질 확률이 높다.

- 기분 전환을 위해 쇼핑한다.
- 쇼핑하면 죄책감이 든다.
- 친구나 가족에게 지출 내역을 비밀로 한다.
- 쇼핑하지 않으면 불안하고 초조하다.

충동구매 머니 스크립트의 바탕에는 다음과 같은 심리가 깔려 있다.

✕ 나는 어차피 부자가 되지 못한다.
✕ 돈 문제는 배우자에게 비밀로 하고 싶다.
✕ 좋은 사람이라면 돈 문제는 저절로 해결된다.

세 가지 모두 당신을 경제적 파탄에 이르게 하는 인식이다.

— 현금이 없다는 함정

　현금을 갖고 다니지 않는 사람이 해마다 느는 추세다. 미국 매사추세츠공과대학(MIT)에서 발표한 연구 결과에 따르면, "현금으로 쇼핑할 때보다 현금 없이 쇼핑할 때 지출 의욕이 높아진다"고 한다.

　현금이 없어지면 어떤 현상이 생길까?

- 돈이 빠져나간다는 감각이 무뎌져 무턱대고 돈을 써 버린다.
- 눈앞에 있는 물건이 정말 필요한지에 대한 판단력이 흐려진다.
- 낭비, 투자 실패 등 돈에 대한 부정적인 결과를 쉽게 잊어버린다.

　현금 없는 문화는 앞으로 더욱 가속화되리라. 당신이 충동구매 머니 스크립트를 가졌다면 그 어느 때보다 가난해지기 쉬운 상황에 놓인 셈이다. 그만큼 경각심을 가져야 한다.

✕ 나는 어차피 부자가 되지 못한다
○ 누구나 부자가 될 수 있다
[요주의 유형] 모든 유형

'나는 부자가 될 리 없으니 원하는 것을 살 수 없다'고 생각하는 사람이 있다. 얼핏 생각하면 원하는 것을 사지 않으니 쓸데없는 지출이 줄어들 것 같다. 하지만 실은 그 반대다. '어차피 난 부자가 못 된다'는 자포자기가 오히려 무분별한 충동구매를 낳는다.

당신에게 '고향에 집을 짓고 부모님과 함께 살고 싶다'는 꿈이 있다고 가정해 보자. 돈을 낭비하지 않고 꾸준히 모은다면 언젠가 꿈을 이룰 기회가 올 것이다.

하지만 '나는 원하는 것을 가질 만큼 부자가 되지 못한다'는 머니 스크립트를 가지고 있다면 어떨까? '내 주제에 그런 꿈을 이룰 리가 없지'라며 애당초 포기해 버린다. 저축해도 무의미하다고 생각하므로 슈퍼나 편의점에서 필요도 없는 물건을 사거나, 충분히 걸어갈 만한 거리인데도 택시를 탄다.

— 무의식적 낭비를 없애는 기술

수중에 돈이 술술 새 나가는 상황을 막는 방법 하나를 소개하겠다. 계산하기 전에 같은 금액으로 이 물건 대신 무엇을 살 수 있는지 세 가지 이상 상상해 보라. 가령 집에 가는 길에 카페에서 커피와 스콘으로 1,000엔을 지불하려 할 때, '잠깐만, 1,000엔으로 커피와 스콘을 사는 대신 무엇을 살 수 있지?'라고 생각하는 것이다.

- 업무에 도움이 되는 책을 산다.
- 내일 점심값으로 충당한다.
- 주 3회 커피를 참으면 한 달에 1만 2천 엔이 모인다.

등등이 있겠다.

처음에는 충동을 억제하기 힘들다. 그러나, 이렇게 상상해 보는 것만으로 점차 무의식적 낭비가 사라진다.

놀랍게 들리겠지만, 돈을 모으는데 당신의 현재 수입은 그리 중요하지 않다. 낭비만 하지 않아도 얼마든지 돈을 모을 수 있다.

✕ 돈 문제는 배우자에게 비밀로 하고 싶다
○ 타인의 감시가 있어야 자산 관리가 쉽다

[요주의 유형] 모든 유형

돈 문제에 관한 한 배우자에게 비밀로 하는 사람이 많은데 이는 충동구매 머니 스크립트로 이어질 가능성이 높다. 이유는 간단하다. 감시자가 없기 때문이다. 수입도 지출도 저축도 공유하지 않고, 돈 이야기를 꺼내도 얼버무리는 사람은 충동구매를 억제할 외적 장치가 없다.

─ 저축을 65% 늘리는 방법

저축을 확실히 늘리는 방법을 알려 주겠다. 저축하는 목적과 목표 금액을 주변 사람들에게 공표하는 것이다.

칠레의 경제학자 팰리페 캐스트(Felipe Kast)와 스위스의 경제학자 디나 포메런스(Dina Pomeranz)가 저축에 관한 연구를 진행했다. 이 연구에 따르면, 저축액을 공개한 사람이 공개하지 않은 사람보다 65%나 저축액이 많았다. '타인의 감시가 있어야 자산 관리가 쉽다'는 부자 머니 스크립트에도 부합하는 결과다.

— 공개하면 행동하기 쉽다: 인지 부조화 해소

왜 남에게 공개해야 돈을 잘 모을 수 있을까? 이는 '인지 부조화 해소'라는 심리와 연관 있다. 일반적으로 목표를 공개하면 다음과 같은 심리가 생긴다.

- 공개한 목표와 현실 사이에 생기는 괴리감으로 마음이 불편하다.
- 공개한 이상 실패하면 창피하다.
- 목표에 가까워지기 위해 어떻게든 노력한다.

원하는 목표를 공개적으로 선언하면 이상과 현실 사이에 인지 부조화가 생긴다. 그 결과, 어떻게든 불편한 감정을 해소하고자 노력한다. 돈뿐만 아니라 다이어트, 이직, 장래 희망 등 이루고 싶은 목표가 있다면 비밀로 하지 말고 제삼자에게 적극적으로 알려라. 그럼 공개적으로 목표를 실현하고자 노력하기 때문에 아주 효과적이다. 목표를 알리는 것만으로도 꿈을 실현할 가능성이 높아지는 이유다.

✕ 좋은 사람이라면 돈 문제는 저절로 해결된다
○ 모두에게 좋은 사람이 되면 소중한 것을 잃는다

[요주의 유형] 모든 유형

'착하게 살면 돈 걱정할 일이 없다'고 생각하는가? 남에게 베풀면 언젠가 보답을 받으리라 믿는다면 순진하다 못해 어리석은 것이다. 안타깝지만 그런 사람은 언젠가 소중한 것을 잃게 될 가능성이 높다. 특히 다음과 같은 행동을 하는 사람은 주의해야 한다.

- 주변을 의식해 필요하지도 않은 물건을 덜컥 사 버린다.
- 원만한 인간관계를 유지하기 위해 돈을 쓴다.
- 친한 사람이 금전적으로 힘들어하는 모습을 보고 싶지 않아 돈을 선뜻 빌려준다.

만일 당신이 이런 행동을 한다면 이에 대한 보답은 아예 없다고 생각하는 게 정신 건강에 좋다.

— 친절을 베푸는 5분 규칙

냉정하게 들리겠지만 사실이다. 무작정 남을 돕다 보면 정작 자신에게 소중한 사람을 돕지 못한다. '봉사 중독'이라는 말을 들어 본 적이 있는가? 열정적으로 봉사하면서 인생의 의미를 찾는 경우를 뜻하는데, 봉사 중독에 걸린 사람은 자기 가정을 희생하면서까지 봉사에 매달린다. 누군가를 돕는 행위가 자신 혹은 사랑하는 사람을 희생시키는 일이라면 명백히 잘못이다.

미국 펜실베이니아 대학의 심리학 교수 애덤 그랜트(Adam Grant)는 사람을 돕는 조건으로 다음과 같은 조건을 제시한 바 있다.

① 상대가 눈앞에 있으면 돕는다.
② 5분 정도의 친절을 베푼다.

어떤가. 5분 정도면 큰 부담 없이 도움을 베풀 만하지 않은가? 설령 상대가 내 도움을 잊어버렸다 해도 심리적 타격이 크지도 않을 테고 말이다.

앞서 '돈을 모으려면 낭비하지 말아야 한다'고 누차 강조했다. 하지만 오해하지 말기 바란다. 돈을 한 푼도 쓰지 말라는 뜻이 아니다. 돈을 모으려면 꼭 필요한 곳에는 돈을 쓸 줄 알아야 한다.

다음과 같이 생각하는 사람은 과소 지출 머니 스크립트를 가지고 있을 가능성이 높다.

✕ 돈은 저축해야지 써서는 안 된다.

✕ 아무리 돈이 많아도 안심할 수 없다.

✕ 돈 나가는 일은 하지 않는다.

특히 금전 경계 성향이 강한 사람은 여기에 해당되기 쉽다.

── 행복해지기 위해 행동하면 수입이 늘어난다

미국 일리노이 대학의 심리학 교수 에드 디너(Ed Diener)의 연구에 따르면, 사람은 돈보다 행복에 대해 생각할수록 다음과 같이 바뀐다.

- 3배 더 창의적이 된다.
- 31% 더 생산성이 높아져 소득이 올라간다.
- 스트레스가 줄어들고 수명이 길어진다.

읽고 싶은 신간이 있는가? 책을 사서 독서하는 시간을 즐기자. 가고 싶은 여행지가 있는가? 여행을 가서 상쾌함을 느끼자. '돈이 드니까'라는 이유로 집에만 있다 보면 오히려 체력이 떨어지고 의욕도 사라진다.

돈을 모으고 싶다면 일상의 소소한 행복에 투자하라. 행복이 당신을 부자로 만들어 줄 테니까.

✕ 돈은 저축해야지 써서는 안 된다

○ 돈과 시간을 늘리기 위해 돈을 쓴다

[요주의 유형] 금전 경계 성향이 강하다

'돈은 저축해야지 써서는 안 된다'는 머니 스크립트를 가지면 돈을 불릴 기회도 인생의 소중한 시간도 잃고 만다. 당신이 집안일에 서툰 사람이라면 다음과 같이 돈을 사용해 보라. 그럼 하루에 2시간 10분은 절약된다.

- 식기 건조기를 사서 설거지 시간을 줄인다. (하루 40분)
- 로봇 청소기를 사서 청소 시간을 줄인다. (하루 30분)
- 도시락을 전문 업체에 주문해 요리 시간을 줄인다. (하루 60분)

이렇게 확보한 시간으로 부업을 한다면 어떨까? 시급 1,300엔으로 환산하면 한 달에 약 84,000엔, 연간 약 100만 엔 이상의 수입을 올린다. 꼭 돈을 벌지 않아도 괜찮다. 귀찮고 힘들기만 했던 가사 시간을 독서, 공부, 취미 생활 등 삶을 풍요롭게 만드는 시간으로 바꿀 수도 있으리라.

— 시간은 돈이다: 시간-달러 사고

시간을 달러(돈)로 환산하는 사고방식을 '시간-달러 사고'라고 한다. 미국 하버드 경영대학원 조교수 애슐리 윌리엄스(Ashley Willans)는 직장인들에게 현금을 나눠 주고 자유롭게 사용하도록 했다. 피실험자들이 가장 행복한 기분을 느꼈을 때는 언제였을까? 받은 돈으로 '원하는 물건을 사거나 맛있는 음식을 먹었을 때'가 아니라 '가사도우미를 고용해 개인 시간을 확보했을 때'였다. 금전 경계 성향이 강한 사람은 물건을 살 때 한 푼이라도 싸게 사려고 온갖 할인 정보를 검색한다. 그러다 보면 어느새 몇 시간이 훌쩍 지나버린다. 이런 행동은 행복지수를 급격히 떨어뜨린다. 행복지수를 달러로 환산했을 때 차이를 조사했더니, 틈만 나면 할인 정보를 검색하는 사람과 그렇지 않은 사람 사이에는 연간 약 3,300달러 정도의 행복지수 차이가 났다. 엔화로 환산하면 약 45만 엔만큼 행복지수가 차이 나는 셈이다.

시간이나 행복지수를 돈으로 환산하는 이유는 간단하다. 시간이나 행복지수보다 돈이 우리에게 강력히 와닿기 때문이다. 과도하게 돈을 아끼는 사람이라면 시간과 행복지수를 돈으로 환산하는 '시간-달러 사고'를 염두에 두자. 가난해지는 머니 스크립트를 수정하는 데 효과를 발휘할 것이다.

✕ 아무리 돈이 많아도 안심할 수 없다

○ 저축 가능한 액수의 상한선을 정해 둔다

[요주의 유형] 금전 경계 성향이 강하다

돈이 아무리 많아도 불안해하는 사람이 있다. 이런 사람은 1억 엔을 벌어도 행복하지 않다. 자산이 늘어나도 늘 부족하다고 여겨 행복을 위해 돈을 쓰지 못하기 때문이다. 이런 머니 스크립트를 바꾸려면 저축 가능한 액수의 상한선을 정해 두는 게 효과적이다. 상한선을 정하는 방법은 부자가 되는 머니 스크립트 '자산을 관리하고 미래 계획을 세운다'(본문 116쪽)를 참고하기 바란다. 장기적인 관점에서 미래 계획을 세우고 '얼마면 살 수 있을까'라는 수치를 제시하면 돈이 아무리 많아도 안심하지 못하는 상태에서 벗어날 수 있다.

— 미래에 대한 불안을 없애는 방법: 방어적 비관주의

과학적으로 미래에 대한 불안을 없애는 방법을 소개하겠다. '방어적 비관주의'(defensive pessimism)라는 심리학 개념에 기초한 것으로 '미래에 닥칠 부정적인 상황을 예상하고 이에 대한 대비책을 미리 생각해 두기'다.

앞서 소개한 '이펙추에이션'은 방어적 비관주의를 비즈니

스에 응용한 전략이다. 방법은 기본적으로 동일하다. 최악의 상황과 이에 대한 대비책을 목록으로 정리해 막연한 불안감을 구체화하는 것이다.

- 회사의 실적 악화로 보너스가 줄어든다면?
  → 보너스가 ○엔 이하로 내려가면 부업을 고려한다.
- 병에 걸려 일을 못하게 된다면?
  → 휴직 제도를 이용한다. 상병 수당을 ○엔 받는다.
- 지금은 맞벌이지만 배우자가 일을 그만둔다면?
  → 서로의 자산 규모를 파악해 둔다. 외벌이를 하게 되면 '회사에서 ○분 이내 거리'로 이사해 월세를 줄인다.

방어적 비관주의 개념을 제시한 미국 웰즐리 대학 심리학 교수 줄리 노럼(Julie K. Norem)은 주장한다. "미래를 긍정적으로 생각하는 것보다 최악의 상황을 상상하는 것이 미래에 대한 불안을 줄일 수 있다"고. 위험 요소를 포함한 미래 계획을 세우고 저축 한도를 명확히 정하라. 그것만으로도 당신의 불안감은 현저히 줄어든다.

× 돈 나가는 일은 하지 않는다

○ 하고 싶은 일이 있어서 돈을 번다

[요주의 유형] 금전 경계 성향이 강하다

자신을 위해서든 타인을 위해서든 일절 지갑을 안 여는 사람이 있다. 그런 사람은 돈을 어느 정도는 모을지도 모른다. 하지만 하고 싶은 일이 있는데도 돈을 쓰지 않는다는 건 자기 욕구를 억누른다는 뜻이다. 그러다 보면 자기도 모르는 사이에 비참한 기분이 들고 의욕이 점점 떨어진다. 그 결과 일할 마음도 공부할 마음도 사라지게 되니, 장기적으로 보면 수입이 줄어들게 된다.

— 인간의 행복을 좌우하는 페르마 이론

'하고 싶은 일이 있지만 돈 드는 일은 하지 않는다'는 사람은 막연한 허무감 혹은 '이대로 살아도 즐거운 일은 없다'는 부정적인 감정에 휩싸이기 쉽다.

미국 펜실베이니아대 심리학 교수인 마틴 샐리그만(Martin Seligman)가 제시한 페르마(PERMA) 이론에 따르면, 인간의 행복에는 다섯 가지 요소가 필요하다.

① P(Positive emotion, 긍정적 감정): 부정적 상황에서도 긍정적 측면을 찾아내는가?

② E(Engagement, 몰입): 몰입할 만한 일이 있는가?

③ R(Relationship, 관계): 주변 사람들과 좋은 관계를 맺고 있는가?

④ M(Meaning, 의미): 삶의 의미를 느끼는가?

⑤ A(Accomplishment, 성취): 일상에서 성취감을 느끼는가?

이 중 행복해지기 위해 가장 필요한 것이 ④번, 삶의 의미를 느끼는지 여부다. 부자 체질인 사람은 '하고 싶은 일을 이루기 위해 돈을 번다'는 머니 스크립트를 가지고 있는데 ④번과 같은 맥락에서 이해할 수 있다. 삶의 의미를 찾을 수 있다면, 그 자체로 강력하고 장기적인 동기부여가 된다. 동기가 생기면 하고 싶은 일을 어떻게 하면 이룰 수 있을지 구체적인 계획도 자발적으로 세운다.

삶의 의미는 스스로 찾는 것이다. 자신이 진정 하고 싶은 일, 이루고자 하는 일을 위해 돈을 모아라. 그렇게 되면 행복은 저절로 찾아온다.

일중독은 사생활을 희생하면서까지 일에 몰두하는 상태를 말한다. 과로는 우리 삶을 망치는 주범이다. 몸과 마음이 망가질 뿐 아니라 그로 인해 수입이 급격히 줄어들어 경제적 파탄에 직면할 수도 있다. 일중독 머니 스크립트의 특징은 다음과 같다.

✕ 누가 내 소득이 물으면 실제보다 낮게 대답한다.
✕ 돈이 많을수록 행복해진다.
✕ 소득을 올려서 인정받고 싶다.

일중독 머니 스크립트를 가진 사람은 돈 버는 행위 자체가 목적이 된 경우다. 돈을 버는 목적은 행복해지기 위해서지, 돈 그 자체가 아니다. 이 중요한 본질을 놓치면 돈을 벌어도 행복하지 않은 상황에 빠진다.

땀 흘려 일하는 행위를 미덕으로 여기는 일본인은 일중독이 되기 쉽다. 후생노동성 조사에 따르면, 일본인의 '1인당 연간 평균 노동시간'은 과거에 비해 줄었지만, 프랑스·영국·독일 등 유럽 선진국에 비하면 여전히 길다.

수십 년 전까지만 해도 일본은 선진국 중 압도적으로 노동

시간이 길었다. 때문에 여전히 장기간 노동 문화가 그대로
이어지는 기업도 적지 않다.

[역자 주]
    2021년 기준 OECD 36개국 가운데 한국의 연평균 노동시간은 1915
시간으로, 멕시코(2128시간), 코스타리카(2073시간), 칠레(1916시간)
에 이어 가장 많았다. 중남미 국가를 제외하면 사실상 OECD 국가 중
제1위다. (국회 예산정책처 경제 동향 보고서 참조)

    현재 노동시간이 길지 않은 사람이라도 이직하면 노동환
경이 어떻게 변할지 장담하기 힘들다. 그러니 자신과 무관하
다고 여기지 말고 끝까지 읽어 주기 바란다.

✕ 누가 내 소득을 물으면 실제보다 낮게 대답한다
○ 자신이 창출한 가치를 수치화해 자신감을 가진다
[요주의 유형] 모든 유형

학창 시절 친구들을 오랜만에 만났는데 우연히 연봉 이야기가 나왔다고 해 보자. 이때 당신이 실제 연봉보다 낮춰서 대답한다면 일중독 머니 스크립트일 가능성이 높다. 겸손해서 낮게 대답한 게 아니다. '나는 그 연봉에 걸맞은 일을 하지 못한다'는 심리가 작동한 탓이다. 자신이 제대로 역할을 해내지 못한다는 생각 때문에 불안해서 견딜 수가 없다. 그래서 더욱 일에 매달리고 일중독이 된다.

— 최적의 노동시간은?

최적의 노동시간에 대해 다양한 연구가 이루어졌다. 결론부터 말하자면, 주당 30시간 미만이 이상적이다. '주 30시간 이상 일하면 인지기능이 떨어진다', '주 40시간 이상 일하면 사망 위험이 큰 폭으로 높아진다'는 사실이 연구를 통해 밝혀졌다.

이처럼 과로에 대한 심각한 경고가 나오고 있음에도 우리는 왜 과로를 멈추지 못하는가?

— 더 많이 일하지 않으면 인정받지 못하는 불안

영국의 런던 시티 대학의 베이스 경영대학원에 다니는 500명 직장인을 대상으로 한 조사에 따르면, 과로하는 사람들은 '머리를 많이 쓰는 일을 하며 쉽게 불안을 느낀다'는 공통점이 있었다.

지식노동자는 오늘 한 일로 얻은 성과가 눈에 보이지 않는 경우가 많다. 눈에 보이지 않기 때문에 일을 했다고 실감하기 어렵다. 이는 '더 많이 일하지 않으면 인정받지 못한다'는 불안감으로 이어진다. 그리고 이는 또다시 '누군가 내 소득을 물으면 실제보다 낮게 대답하는 행동'으로 이어진다.

명확한 성과를 실감하기 힘들어 지금 하는 일에 불안감을 느끼는가? 그렇다면 자신이 하는 일을 수치화하여 '이 정도 수입이라면 ○는 할 만하다'는 기준을 세워라. 그런 다음 이 기준을 달성할 때마다 의식적으로 자신감을 가져라. (단, 매출을 기준으로 하면 동기부여가 떨어지므로 '과제 달성도' 같은 기준을 설정하기를 추천한다.) 눈에 보이지 않는 성과를 시각화하면 '자신이 창출한 가치를 수치화해 자신감을 가진다'는 부자 머니 스크립트를 재정립할 수 있다.

✕ 돈이 많을수록 행복해진다

○ 돈 쓰는 방식에 따라 행복해질 수 있다

[요주의 유형] 금전 숭배 성향이 강하다

누구나 생각한다. 돈이 있으면 자유도 행복도 얻을 수 있다고. 하지만 정말 중요한 것은 '돈을 버는가'가 아니라 '돈을 어떻게 쓰는가'이다. 어느 정도 돈이 모이면 부족한 것이 점점 없어진다. 그래서 무엇이 자신에게 가치가 있는지 알기 어려워진다. 이때 '돈이 많을수록 행복해진다'는 머니 스크립트를 가지고 있다면 대단히 위험하다. '일단 일하자. 돈을 더 벌면 행복해지겠지'라는 마음에 쉽게 일중독에 빠지기 때문이다.

— 돈으로 행복을 사는 법

행복도를 높이는 자금 운용에 관해서는 미국 하버드 경영대학원의 마케팅학 부교수 마이클 노튼(Michael Norton)과 캐나다 브리티시컬럼비아 대학의 심리학 부교수 엘리자베스 던(Elizabeth Dunn)의 공저 《당신이 지갑을 열기 전에 알아야 할 것들》이 참고할 만하다.

이 책은 행복해지기 위해 다음과 같은 방식으로 돈을 쓰라고 제안한다. '체험을 구매하라', '시간을 구매하라', '타인에게 투자하라' 등이다. 이는 일본 부유층을 대상으로 한 조사 결과와도 일맥상통하는 얘기다.

— 일본 부유층이 원하는 것은 자유로운 시간

2005년 하이라이프 연구소가 일본 부유층 라이프스타일을 조사했다. 부유층 기준은 가구당 연간 소득이 3,000만 엔 이상, 혹은 금융자산이 5,000만 엔 이상이다. 이들에게 가장 원하는 것이 무엇인지를 조사했더니 1위가 '자유로운 시간'이었다.

열심히 노력해서 연 소득 3,000만 엔 이상의 상위 1%에 도달하면, 최종적으로 원하는 것은 '자유롭고 여유로운 나만의 시간'이라는 얘기다.

'돈이 많을수록 행복해진다'는 머니 스크립트 소유자는 자기 시간을 가장 많이 희생하는 사람이다. 그럴수록 행복도는 떨어질 뿐이다. 지금부터 돈 쓰는 방식을 바꿔보자. '돈을 어떻게 쓰느냐에 따라 행복감이 달라진다'는 부자 머니 스크립트를 가진다면 인생이 한층 풍요로워진다.

× 소득을 올려서 인정받고 싶다

○ 소득을 올려서 원하는 삶을 살고 싶다

[요주의 유형] 금전 지위 성향이 강하다

'한 달에 ○만 엔을 벌고 싶다'고 소득 목표를 세우는 건 나쁘지 않다. 다만 금액에 지나치게 집착하다 보면 돈 버는 행위 자체가 목적이 되어 진정한 본질을 잃어버린다. 특히 금전 지위 성향이 강한 사람은 주의해야 한다.

'한 달에 100만 엔씩 벌어서 배우자와 안정적으로 살고 싶다'가 돈 버는 목표였다고 치자. 그런데 금전 지위 성향이 강한 사람은 월 소득 100만 엔을 달성하면 고가의 브랜드 제품이나 고급 승용차 등 지위재를 소유해 자기 경제력을 과시하려 한다. 과도한 인정 욕구 탓에 원래 목표는 온데간데 없이 돈을 벌어도 줄줄이 새 나가는 상황에 직면하는 셈이다. 밑 빠진 독에 물 붓기가 되지 않으려면 돈 버는 목표를 항상 잊어서는 안 된다.

당신은 돈을 벌어서 무엇을 하고 싶은가?

— 무분별한 인정 욕구에서 벗어나는 방법

한때 '무분별한 인정 욕구'라는 파도에 휩쓸려 허우적거린 적이 있다. 처음 방송에 출연하기 시작했을 무렵, 나는 시청자, 방송 관계자, 출연자 등 모든 사람에게 인정받고 싶었다. 존경하는 사람이나 소중한 사람에게 인정받고자 노력하는 일은 중요하다. 하지만 나는 내게 그다지 중요하지 않은 사람들에게조차 인정받고 싶었다. 왜 그토록 타인의 인정에 연연했는지, 지금 생각하면 참으로 어리석었다.

경영자가 유튜버로 변신하고 유튜버가 연기자로 변신하는 등 많은 사람이 인정 욕구를 채우기 위해 살아가는 세상이다. 그런데 과도한 인정 욕구를 억제하지 못하면 다음과 같은 상태에 빠진다.

① 모두에게 인정받아야 행복하다.
② 모두에게 인정받지 못하면 괴롭다.
③ 모두에게 인정받기 위해 수많은 사람의 눈치를 본다.
④ 자신을 희생하며 살아간다.

무분별한 인정 욕구에 얽매이지 않게 되면 인생은 획기적으로 달라진다. 더 이상 누군가에게 인정받기 위해서가 아니라 오로지 자신을 위해 자기 매력과 실력을 높이는 쪽으로 살게 된다.

세상에 영원한 건 없다. 유튜브 구독자 수가 10만, 100만 명이라도 10년 후에는 서비스 자체가 사라질지도 모른다.

- 남에게 인정받기보다 자기 매력과 실력을 키우는 게 장기적으로 이득이다.
- 모은 돈으로 어떻게 살고 싶은가?

늘 이 2가지를 염두에 두기 바란다.

제 **4** 장

WORK

머니 스크립트 워크 6

■ 머니 스크립트 심화 학습

1~3장까지 읽었다면 당신의 왜곡된 머니 스크립트는 올바른 머니 스크립트로 재정립되었으리라. 하지만 안심하기 이르다. 어린 시절에 형성된 머니 스크립트는 워낙 뿌리 깊어서 시간이 흐르고 환경이 변하면 언제든 다시 왜곡될 소지가 있다. 평소에 당신이 진단 테스트를 반복적으로 실시해야 하는 이유다. 요즘 일이 잘 풀리지 않아 답답한가? 골치 아픈 고민거리가 생겼는가? 그렇다면 지금부터 소개할 워크들을 실천해 보라.

금융 심리학의 권위자 크론츠 부자(父子)가 주창하는 워크들을 일부 변형해 목적별로 구분했다. 한 가지만 해도 충분한 효과를 얻을 것이다. 각자 원하는 목적에 부합하는 워크를 선택해서 시도해 보기 바란다.

① 머니 스토리: 기본 워크. '내가 이런 머니 스크립트를 갖게 된 원인'을 파악하는 워크. 어느 단계부터 시작해야 할지 모르겠다면 머니 스토리부터 시작해 보자.

② 머니 맵: '내 머니 스크립트가 형성된 배경'을 파악하는 워크. 워크 머니 스토리에서 한 단계 더 깊게 탐구하는 단계.

③ 머니 익스피리언스: '내 안에 뿌리내린 머니 스크립트'를 바로잡는 워크.

④ 머니 그리번스: 돈과 사람에게 배신당해 과도한 불신감을 가진 사람의 사고방식을 바로잡는 워크.

⑤ 머니 임파워먼트: 실패한 뒤 재기하기까지 시간이 오래 걸리거나, 슬럼프에 빠진 뒤 회복하기까지 시간이 오래 걸리는 사람의 사고방식을 바로잡는 워크.

⑥ 머니 만트라: 부정적인 경험을 통해 새로운 머니 스크립트를 구축해 행동 지침을 만드는 워크.

먼저 머니 스토리를 소개한다. 머니 스토리는 워크 2 머니 맵의 간단 버전이자 전 단계에 해당한다. 머니 맵은 시간이 다소 소요되니 바쁘다면 머니 스토리만 해도 괜찮다. 여기서 좀 더 깊이 있게 들어가고 싶다면 머니 맵까지 진행해 보자.

머니 스토리란 돈에 대한 과거 경험 속에서 왜곡된 머니 스크립트를 건져 올리는 작업이다. 돈에 대한 사고방식은 어린 시절 축적된 경험에서 비롯된다. 경험을 파고들어 가다 보면 머니 스크립트가 형성된 원인을 찾을 수 있다. 원인을 알면 이 책에서 당신이 중점적으로 읽어야 할 부분도 명확해질 것이다. 구체적인 단계는 다음과 같다. 워크시트에 적으면서 시작해 보자.

① 돈에 대한 경험 중 기억에 남는 일을 적는다.
② 경험에서 느낀 감정을 적는다.
③ 서식에 대입해 원인을 파악한다.

— ① 돈에 대한 경험 중 기억에 남는 일을 적는다

어린 시절부터 18세까지를 되돌아보며 돈에 대한 경험 중 기억에 남는 일을 한 가지 이상 적어 본다.

[작성 포인트]

누군가에게 돈을 받았을 때나 돈을 썼을 때, 혹은 돈에 관해 부모와 이야기를 나누거나 부모께 주의받았던 경험을 떠올려본다. 긍정적인 경험이나 부정적인 경험 모두 상관없다.

[A의 경우]

• 처음으로 혼자 쇼핑했을 때 어른 대접을 받았다.

• 부모가 사 주지 않은 게임을 부유한 친구는 갖고 있었다.

• 세뱃돈을 많이 받아 친구들에게 자랑했더니 엄마가 화를 냈다.

• 엄마에게 아빠 월급이 얼마인지 물었더니 "돈 이야기는 꺼내는 거 아니야"라고 주의받았다.

• 아빠가 투자로 돈을 잃어 부모 사이가 급격히 나빠졌다.

— ② 경험에서 느낀 감정을 적는다

①에서 돈에 대한 경험 중 기억에 남는 일을 적은 뒤 그때 느낀 감정을 떠올린다. 다음과 같이 '그 경험으로 어떤 생각을 했는가?'를 적는다.

[A의 경우]

'처음으로 혼자 쇼핑했을 때 어른 대접을 받았다.'

→ 지금까지는 부모가 물건을 사 주셨지만, 처음으로 내 돈으로 물건을 샀다. 점원도 나를 어엿한 손님으로 대해 주었기에 뿌듯하고 행복했다.

'부모가 사 주지 않은 게임을 부유한 친구는 갖고 있었다.'

→ 집이 그리 풍족하지 않았고 부모도 엄격해서 내가 원하는 게임을 사 주지 않았다. 부유한 친구 집에는 내가 원하는 게임이 많아 부러웠고 한편으론 부모에게 서운했다.

'세뱃돈을 많이 받아 친구들에게 자랑했더니 엄마가 화를 냈다.'

→ 평소에는 돈이 별로 없는데 1만 엔 넘는 세뱃돈을 받았다. 너무 기뻐서 친구들에게 자랑했더니 엄마가 "남에게 돈 자랑하는 거 아니다"라며 불같이 화를 내서 무서웠다.

'엄마에게 아빠 월급이 얼마인지 물었더니, "돈 이야기는 꺼내는 거 아니야"라고 주의받았다.

→ TV에서 연예인들이 월수입 이야기를 하는 걸 보고 엄마에게 아빠가 한 달에 얼마나 버는지 물었다. 그랬더니 엄마가 "돈 이야기는 꺼내는 거 아니야. 남의 집에 가서도 하면 안 돼"라고 주의받아서 의아했다.

'아빠가 투자로 돈을 잃어 부모 사이가 급격히 나빠졌다.'

→ 어느 날 아빠가 엄마에게 "투자 실패로 큰돈을 잃었다"고 몰래 이야기하는 걸 들었다. 그 후로 부모 관계가 급격히 나빠져서 투자에 대한 안 좋은 이미지가 생겼다. 돈 이야기는 인간관계를 망친다고 생각했다.

②에서 언어화한 경험과 감정을 아래의 서식에 대입해 원인을 파악한다.

[서식]

'이 경험으로 마음에 새겨진 것은 ○이다. 과거의 경험에 비추어 볼 때, 나에게 돈이란 ○이다.' (○부분에 자기 사례를 적용한다).

[A의 경우]

이 경험으로 마음에 새겨진 것은 '돈에 대해 생각해서는 안 된다'는 것이다. 과거의 경험에 비추어 볼 때, 나에게 돈이란 '무서운 것', '가족이나 타인과 정보를 공유하지 않는 것'이다.

── 머니 스토리 워크의 결론(A의 경우)

금전 기피 성향이 강하다. 자기 경험 중 투자 실패로 부모의 사이가 나빠진 일, 아빠 월급을 물었을 때 엄마가 화를 낸 일, 친구에게 돈이 많다고 자랑하자 엄마가 주의를 준 일 등이 금전 기피 성향이 강해진 원인으로 보인다.

작성한 머니 스토리를 보면서 '가난해지는 머니 스크립트 목록'에 해당하는 항목에 '중점적으로 읽어야 할 부분'으로 표시한다. 표시한 부분을 반복해서 읽으면서 내면에 고착화된 가난해지는 머니 스크립트를 지워 나간다.

[A의 경우]

아래의 가난해지는 머니 스크립트를 바로잡아야 한다. 반복해서 읽는다.

• 남들보다 더 많은 돈을 가지는 것은 잘못이다.

• 부자는 고독하다.

• 돈 문제는 배우자에게 비밀로 하고 싶다.

①돈에 대한 경험 중 기억에 남는 일

_____

_____

② 그때의
감정   _____

_____

③ 서식

이 경험으로 마음에 새겨진 것
_____

과거의 경험에 비추어 볼 때, 나에게 돈이란
_____

①돈에 대한 경험 중 기억에 남는 일

_____

_____

② 그때의
감정   _____

_____

③ 서식

이 경험으로 마음에 새겨진 것
_____

과거의 경험에 비추어 볼 때, 나에게 돈이란
_____

① 돈에 대한 경험 중 기억에 남는 일

_____

_____

② 그때의 감정

_____

_____

③ 서식

이 경험으로 마음에 새겨진 것

_____

과거의 경험에 비추어 볼 때, 나에게 돈이란

_____

① 돈에 대한 경험 중 기억에 남는 일

_____

_____

② 그때의 감정

_____

_____

③ 서식

이 경험으로 마음에 새겨진 것

_____

과거의 경험에 비추어 볼 때, 나에게 돈이란

_____

※워크시트 분량이 부족하면 복사해서 사용하기 바란다

① 돈에 대한 경험 중 기억에 남는 일

_____

_____

② 그때의 감정

_____

_____

③ 서식

이 경험으로 마음에 새겨진 것

_____

과거의 경험에 비추어 볼 때, 나에게 돈이란

_____

① 돈에 대한 경험 중 기억에 남는 일

_____

_____

② 그때의 감정

_____

_____

③ 서식

이 경험으로 마음에 새겨진 것

_____

과거의 경험에 비추어 볼 때, 나에게 돈이란

_____

① 돈에 대한 경험 중 기억에 남는 일

_____

_____

②
그때의
감정
_____

_____

③
서식

이 경험으로 마음에 새겨진 것

_____

과거의 경험에 비추어 볼 때, 나에게 돈이란

_____

① 돈에 대한 경험 중 기억에 남는 일

_____

_____

②
그때의
감정
_____

_____

③
서식

이 경험으로 마음에 새겨진 것

_____

과거의 경험에 비추어 볼 때, 나에게 돈이란

_____

※워크시트 분량이 부족하면 복사해서 사용하기 바란다

머니 맵은 자신의 머니 스크립트가 어디서 비롯되었는지를 파악하는 작업이다. 소요 시간은 워크 1보다 오래 걸리지만 머니 스크립트를 철저히 탐구하고 원인을 명확히 규명하는 데 꼭 필요하다. 구체적인 단계는 다음과 같다.

① 돈을 의식하기 시작한 나이와 자기 이름을 적는다.
② 돈에 대해 영향받은 남성을 적는다.
③ 돈에 대해 영향받은 여성을 적는다.
④ 돈에 대해 영향받은 사건을 적는다.
⑤ 돈의 흐름을 적는다.
⑥ 화폐 기호로 영향력을 적는다. ($, ₩ 등 편한 기호로 사용)
⑦ 머니 맵을 분석한다.

머니 스크립트는 부모를 비롯해 가까운 사람이나 자라 온 환경의 영향을 절대적으로 받는다. 머니 맵을 작성하면 자신이 영향받은 사람과 환경을 구체적으로 알게 되므로 왜곡된 머니 스크립트를 시각화하기에 적합하다.

①~⑦단계까지 완료하면 이 책에서 자신이 중점적으로

읽어야 할 부분을 파악하게 되므로 올바른 머니 스크립트를 재정립하기도 수월해진다. 특히 ⑦ '머니 맵 분석하기'는 돈에 대해 자신이 갖는 신념을 심도 깊게 추적한다. 이를 통해 돈에 대한 신념이 어떻게 만들어졌는지, 왜곡되어 있다면 어떻게 개선해야 하는지를 알 수 있다.

머니 맵을 작성할 때는 가급적 A4용지처럼 큼지막한 종이에 작성하라. 이해를 돕고자 A라는 가상의 인물의 머니 맵을 만들어 보겠다.

— ① 돈을 의식하기 시작한 나이와 자기 이름을 적는다
자신이 돈을 의식하기 시작한 나이는 언제부터인가? 기억을 떠올리며 나이와 자기 이름을 적는다. (이름이 아니라 '나'라고 적어도 좋다)

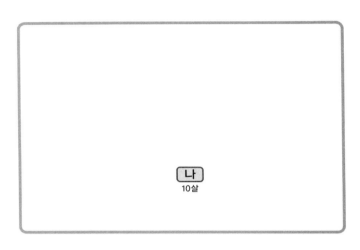

[작성 포인트]

당시 자신의 존재감에 따라 크기를 조절한다. 예컨대, 당시 내가 자신감 넘치고 적극적인 아이였다면 중앙에 이름 혹은 '나'라는 글자를 크게 쓴다.

돈에 대한 가치관이 크게 바뀐 순간이라면 몇 살이 되었든 상관없다. 23살 때 투자에 실패해 돈에 대한 가치관이 크게 바뀌었다면 23살이라고 적는다.

[A의 경우]

10살 때 친구도 별로 없고 소극적인 성격이라 스스로 존재감이 약했다. 아래쪽에 조그맣게 '나'라고 적었다.

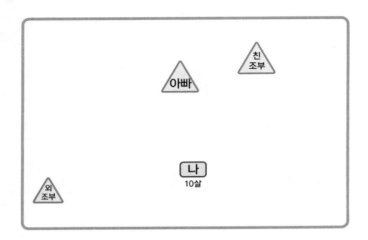

— ② 돈에 대해 영향받은 남성을 적는다

돈에 대해 영향받은 남성을 적고 세모를 친다.

[작성 포인트]

영향력이 컸다면 크게 적는다. 접촉 빈도나 친밀도에 따라 적는 위치를 조절한다.

[A의 경우]

가장인 아빠는 중심부에 크게 썼다. 가끔 만나고 용돈을 잘 주던 친할아버지는 주변부에, 1년에 한두 번 만나고 용돈에 인색했던 엄격한 외할아버지는 더 주변부에 작게 썼다.

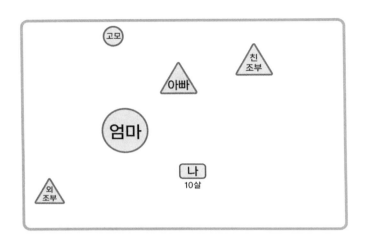

— ③ 돈에 대해 영향받은 여성을 적는다

돈에 대해 영향받은 여성을 적고 동그라미를 친다.

[작성 포인트]

②와 방법은 같다. 상대가 얼마나 돈을 벌었는지가 아니라 상대에게 돈의 영향을 얼마나 받았는지로 크기를 조절한다.

[A의 경우]

엄마는 전업주부였지만 용돈을 주고 게임이나 만화책을 사 줄지 결정하는 사람이었기에 아빠보다 크게 썼다. 형편이 어려워 아빠에게 돈을 받던 고모는 주변부에 작게 썼다.

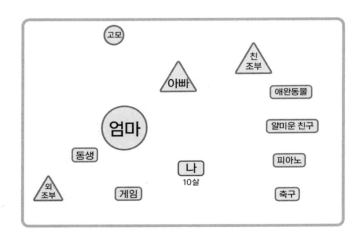

── ④ 돈에 대해 영향받은 사건을 적는다

돈에 대해 영향받은 사건을 써서 네모를 친다. 부상, 질병, 부모 이혼, 애완동물, 가족 간에 일어난 일 등.

[작성 포인트]

영향이 컸던 사건을 나와 가까운 곳에 적는다.

[A의 경우]

집이 좁아 토끼를 베란다에서 키웠다. 엄마는 돈이 없다며 축구화·게임을 안 사 주고, 피아노 학원도 안 보내 줬다. 돈 자랑하는 친구가 얄미웠다. 아빠는 동생에게 용돈을 더 줬다.

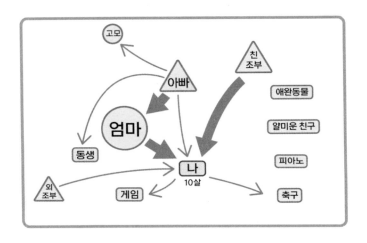

— ⑤ 돈의 흐름을 적는다

돈의 흐름을 화살표로 그린다.

[작성 포인트]

돈을 지불한 사람과 돈을 받은 사람을 화살표로 연결한다. 금액·빈도에 따라 굵기를 조절한다.

[A의 경우]

- 돈은 늘 엄마에게 받았다. (나에게 굵은 화살표)
- 엄마만큼은 아니지만 아빠에게도 돈을 받았다. (나에게 얇은 화살표)

- 아빠는 나보다 동생에게 돈을 더 준다고 느꼈다. (아빠로부터 동생에게 얇은 화살표)
- 아빠가 엄마에게 생활비를 줬다. (아빠로부터 엄마에게 굵은 화살표)
- 친할아버지에게 자주 넉넉한 용돈을 받았다. (나에게 굵은 화살표)
- 아빠가 고모에게 돈을 줬다. (아빠로부터 고모에게 얇은 화살표)
- 내 돈으로 축구화나 게임을 샀다. (나에게 각각 얇은 화살표)
- 외할아버지에게 가끔 약소한 용돈을 받았다. (나에게 얇은 화살표)

— ⑥ 화폐 기호로 영향력을 적는다

돈에 관한 영향력을 화폐 기호를 사용하여 적는다.

[작성 포인트]

※ 다음과 같이 화폐 기호를 구분해서 적는다. (달러 기준)

- 어느 정도 영향을 받았다면 '달러 기호 하나 $'
- 상당히 영향을 받았다면 '달러 기호 둘 $$'
- 매우 영향을 받았다면 '달러 기호 셋 $$$'

- 긍정적 영향은 '달러 기호 $'
- 부정적 영향은 '마이너스 달러 기호 −$'
- 돈에 대한 애기를 하지 않았거나 하기 어려웠다면 '달러 스톱 기호 $ stop'

※ 달러 기호의 구분은 직감적으로 적되, 다음 사항에 주의한다.

주의점 ①: 금액뿐만 아니라 부정적 혹은 긍정적 감정도 감안해서 적는다.

A의 경우: 게임에 많은 돈을 썼지만 달러 기호는 마이너스 기호를 적었다. 금액만 놓고 보면 마이너스 3이 되어도 무방하지만 게임을 하며 즐거웠으므로 이를 감안해 마이너스 1로 적었다.

아빠가 고모에게 돈을 준 일은 마이너스 3이다. 금액은 그리 크지 않으나 어른이 어른에게 돈을 받는 일은 어린 A에게 매우 염치없는 행동처럼 느껴진 까닭이다.

부자라고 자랑하는 얄미운 친구에게 직접적으로 돈을 잃은 적은 없지만 마이너스 2라고 적었다. 자신이 사지 못하는 게임이나 장난감을 샀다며 자랑하는 친구는 자기뿐만 아니라 다른 친구들에게도 미움을 받았기에 부정적 감정이 배가된 까닭이다.

주의점 ②: 나와 직접 돈거래가 없어도 달러 기호를 쓴다.

A의 경우: '나보다 동생이 더 돈을 받는 것 같다'는 이유로 동생을 마이너스 2로 표시했다. A와 동생 사이에 돈거래는 없었으나 아빠가 자기보다 동생에게 더 돈을 쓴다는 부정적 감정을 느낀 탓이다.

※ 달러 기호로 영향도를 쓸 때는 당시 받았던 느낌으로 적어도 괜찮다. A는 어른이 된 후 '아빠가 동생에게만 더 돈을 쓴 것이 아니었다'는 사실을 깨달았지만 어린 시절에 불평등하다고 느낀 감정에 따라 표시했다.

[A의 경우]

달러 기호가 플러스

• 친할아버지가 돈이 가장 많았다고 느꼈다. 그래서 용돈을 많이 받았다. 플러스 3

• 엄마가 돈을 벌지 않았지만 나에게 직접 돈을 줬다. 플러스 2

• 아빠는 돈을 벌었지만 나에게 직접 돈을 준 적은 거의 없다. 플러스 1

달러 기호가 마이너스

• 아빠로부터 돈을 지원받던 고모를 염치없다고 느꼈다.

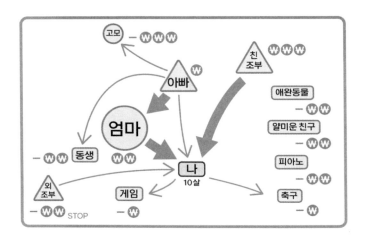

마이너스 3

• 피아노를 배우고 싶었지만 돈이 없어서 배우지 못했다.
  마이너스 2

• 동생이 나보다 더 돈을 많이 받는 것 같았다. 마이너스 2

• 얄미운 친구의 돈 자랑이 싫었다. 마이너스 2

• 애완동물을 집안에서 키우고 싶었지만, 집이 좁아 마지
  못해 베란다에서 키웠다. 마이너스 2

• 내 돈으로 축구용품이나 게임을 샀다. 마이너스 1

• 외할아버지는 돈 이야기를 거의 하지 않았다. 마이너스
  2(스톱)

여기까지 하면 머니 맵 완성이다. 위는 A의 머니 맵이다.

⑦ 머니 맵 분석하기

완성된 머니 맵을 보면서 내 머니 스크립트가 형성된 근본 원인을 탐색한다. 왜곡된 머니 스크립트가 시각화되면 개선 방안도 명확해진다.

[분석 방법]

머니 스크립트 진단 테스트 결과와 머니 맵을 비교하며 왜 이런 머니 스크립트가 형성되었는지 근본 원인을 탐색한다.

[활용 방법]

• 근본 원인으로부터 이 책에 연관된 부분을 도출한다.

• '가난해지는 머니 스크립트 목록'의 해당 항목에 '중점적으로 읽어야 할 부분'으로 표시한다.

• 근본 원인을 파악한 후 다시 읽으면 올바른 머니 스크립트로 재정립하기가 한결 수월해진다. (머니 스토리 작성 후와 동일)

[A의 머니 맵 분석하기]

A는 제1장에서 진단 테스트를 한 결과, 다음과 같은 머니 스크립트를 가지고 있었다.

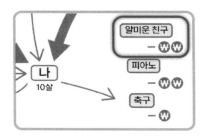

- 금전 기피 성향이 강하다.
- 금전 숭배 성향이 강하다.
- 금전 지위 성향이 강하다.

― 첫 번째 사례

- 머니 맵의 '얄미운 친구'에 주목한다.

- 얄미운 친구와 A는 돈이 직접 오가지 않은 관계임에도 달러 표시가 마이너스 2로 부정적인 이미지가 강하다. 이유를 탐색해 보니 얄미운 친구는 A를 비롯해 주변 친구들에게 미움을 받고 있었다. '금전 기피 성향이 강하다'는 머니 스크립트가 형성된 원인 중 하나로 '얄미운 친구'의 존재가 있다.

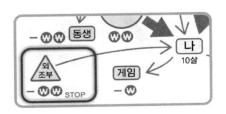

　→ A에게는 '부자는 인격에 문제가 있다', '부자는 고독하다', '부자는 탐욕스럽다'처럼 금전 기피 성향이 강한 사람이 가진 부자 혐오 머니 스크립트가 뿌리 깊게 내재되어 있다. 짐작건대 어린 시절 돈을 과시하며 주변 친구들에게 미움을 받던 친구의 존재가 A의 금전 기피 성향을 강화했으리라. 부자 혐오 머니 스크립트 페이지를 반복해서 읽어 본다.

── 두 번째 사례

• A의 외할아버지에게 주목한다.

• 그다지 가까운 존재가 아닌데도 달러 스톱 마크가 붙어 있다. 이유가 무엇인지 조사한 후에야 다음과 같은 사실을 알게 되었다.

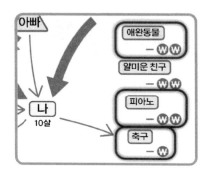

- 외할아버지는 돈에 대해 엄격했다.
- 친할아버지처럼 흔쾌히 물건을 사 주지 않았다.
- 돈 이야기를 싫어했고 용돈에 인색했다.

→ '돈은 땀 흘려 일한 대가다', '적은 돈으로 생활하는 것이 미덕이다'와 같은 부자 회피 머니 스크립트를 수정해야 한다. 해당 페이지를 반복해서 읽는다.

— 세 번째 사례
- 마이너스 달러 마크는 '돈이 없어서 하지 못했다'는 공통점이 있다.

- 피아노를 배우지 못했다.

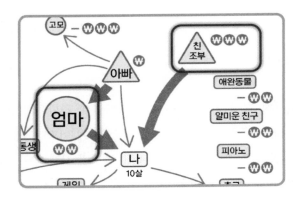

- 축구용품이나 게임을 마음껏 사지 못했다.
- 집이 좁아 애완동물을 집안에서 키우지 못했다.

- 피아노·축구·게임·애완동물에 관련된 부정적 경험이 '금전 숭배 성향이 강하다'는 머니 스크립트를 갖게 된 근본 원인으로 짐작된다. '돈이 없어서 하지 못했다'를 바꿔 말하면 '돈이 있으면 좋아하는 것을 더 많이 할 수 있다'는 금전 숭배 성향으로 이어지기 때문이다.

→ '돈이 많을수록 행복해진다', '소득을 올려서 인정받고 싶다'와 같은 일중독 머니 스크립트를 가졌을 확률이 높다. 해당 페이지를 반복해서 읽어 본다.

— 네 번째 사례(앞쪽 그림 참조)

• 친할아버지는 달러 마크 3개, 엄마는 두 개로 한 이유를 탐색한다.

• A에게 직접 돈을 준 사람은 엄마인데 친할아버지에게 달러 표시가 더 많은 이유는 무엇일까? 어렸을 때 용돈을 많이 준 할아버지를 멋지다고 생각한 까닭이다.

• 친할아버지는 동생이나 다른 사촌들에게도 용돈을 넉넉히 줬고 원하는 물건이 있으면 흔쾌히 사 주는 분이었다. 반면 외할아버지는 돈에 엄격했다. 어린 시절 A는 친할아버지가 대단히 멋지다고 생각했다. 그것이 '금전 지위 성향이 강하다'는 머니 스크립트로 이어졌으리라.

→ '인간관계는 돈으로 만들 수 있다', '사람의 가치는 소득으로 결정된다' 등 해당 페이지를 다시 읽어 본다.

머니 맵은 왜곡된 머니 스크립트를 파악하고 그것이 어디서 비롯되었는지 알아내는 데 대단히 효과적이다. 제1장의 진단 테스트로 금전 성향을 인지한 뒤 머니 맵을 통해 근본 원인을 탐색하면 더욱 심도 깊게 자신의 성향을 파악할 수 있다.

이번에 A를 예로 들어 간단히 머니 맵을 작성해 보았다. 가능하다면 최대한 많은 사례를 적어 보라. 자료가 많을수록 당신의 머니 스크립트가 형성된 근본 원인을 쉽게 찾을 수 있다.

시간 차를 두고 머니 맵을 작성하면 당신의 머니 스크립트가 어떻게 변해 왔는지 한눈에 알 수 있다. 5년에서 10년 단위를 추천한다. A의 경우 10세 시점의 머니 맵을 작성했는데 꼭 그럴 필요는 없다. 15세, 20세, 25세… 등 돈에 대한 생각이 달라진 시점부터 작성하는 게 이상적이다.

■ 워크 ③ 머니 익스피리언스

익스피리언스(experience)는 경험을 뜻한다. 여기서 말하는 머니 익스피리언스란 과거에 경험한 '돈에 대한 부정적인 일'을 극복하는 작업이다. 구체적인 단계는 다음과 같다.

① 어른이 된 후 힘들었던 경험을 적는다.
② 과거에 형성된 머니 스크립트와의 연관성을 고찰한다.

당신이 지닌 왜곡된 머니 스크립트 중에는 워낙 견고하게 내면화되어 바꾸기 어려운 종류가 많다. 이런 머니 스크립트는 과거에 강렬한 인상을 남긴 경험에서 비롯되었을 가능성이 크다. 워크 3에서 머니 스크립트가 형성된 근원을 명확히 파악하고 개선하자. 지금 워크시트에 작성해 본다.

— ① 어른이 된 후 힘들었던 경험을 적는다
어른이 된 후 힘들었던 경험을 가능한 한 많이 적어 본다.

[작성 포인트]
만약 당신이 학생이라면 최근 2~3년 사이에 일어난 일이라도 괜찮다. 또한 금전적 경험이 아니어도 좋다.

- 이직 활동이 여의찮아 원하는 회사에 취직하지 못했다.
- 결혼했다가 바로 이혼했다.
- 사기당한 경험 때문에 투자하기가 두렵다.
- 배우자 몰래 값비싼 물건을 샀다가 들키는 바람에 이혼 직전까지 갔었다.
- 오랫동안 짝사랑하던 사람이 내 친구와 사귄다는 사실을 알고 충격받았다.

최소 10개 이상 쓰기를 권한다. 많으면 많을수록 좋다. 힘들었던 경험이 떠오르지 않는다면 억울하거나 슬픈 일처럼 부정적인 감정을 느낀 경험도 좋다.

─ ② 과거에 형성된 머니 스크립트와의 연관성을 살핀다

①에서 작성한 경험과 과거에 형성된 머니 스크립트와의 연관성을 고찰한다.

[A의 경우]

─ 첫 번째 사례

'배우자 몰래 보너스를 값비싼 브랜드 물건을 사는 데 전부 써 버렸다. 그 후에도 고가의 명품을 몰래 샀다가 여러 차례 들통나는 바람에 이혼 직전까지 갔다'는 경험과 과거에 형성

된 머니 스크립트와의 연결고리를 살펴본다. 배우자 몰래 고가의 물건을 사게 된 이유는 무엇이었을까?

- '초등학생 때 아빠가 고급 시계와 비싼 외제 차를 가지고 있어 친척들의 부러움을 샀다. 그 모습을 보고 아빠가 멋져 보였다'는 경험이 있다. 이를 통해 자신도 아빠처럼 주변 사람들의 부러움을 사고 싶어서 고가의 브랜드 제품을 구매하게 되었다고 추측된다.

→ '가난해지는 머니 스크립트 목록' 중에 어디에 해당되는지 찾아본다. 이 경우, '돈 버는 법은 굳이 배울 필요가 없다', '사람의 가치는 소득으로 결정된다' 등에 해당된다. 배우자와 문제가 생길 것을 뻔히 알면서도 비싼 물건을 반복해서 사는 행위는 이런 머니 스크립트가 마음속에 깊이 자리 잡은 까닭이다. 해당 페이지를 여러 번 읽어 본다.

— 두 번째 사례

'수익성이 높은 투자 정보를 들었지만 막연한 두려움 때문에 행동에 옮기지 못했다. 나와 달리 과감히 투자했던 지인은 큰돈을 벌었다는 사실을 알고 허탈했다'는 경험이 있다.

- '어릴 때 삼촌이 투자 사기로 큰 손해를 봤다. 아빠가 삼촌을 금전적으로 도와주느라 부유했던 집이 어려워졌다'는 경험을 했다. 이 경험으로 인해 투자에 대한 부정적인 감정이 생겼으리라 추측된다.

→ '가난해지는 머니 스크립트 목록' 중에 어디에 해당되는지 찾아본다. 이 경우, '투자는 전문가가 하는 것이다', '투자란 어려운 것이다' 등이 해당된다. 그 부분을 다시 한번 정독한다.

① 어른이 된 후 힘들었던 경험

_____

_____

_____

② 고찰 _____

_____

① 어른이 된 후 힘들었던 경험

_____

_____

_____

② 고찰 _____

_____

① 어른이 된 후 힘들었던 경험

_____

_____

_____

② 고찰 _____

_____

머니 익스피리언스 워크시트

① 어른이 된 후 힘들었던 경험

_____
_____
_____

② 고찰 _____
_____

① 어른이 된 후 힘들었던 경험

_____
_____
_____

② 고찰 _____
_____

① 어른이 된 후 힘들었던 경험

_____
_____
_____

② 고찰 _____
_____

※워크시트 분량이 부족하면 복사해서 사용하기 바란다

■ 워크 ④ 머니 그리번스

그리번스(grievance)란 불만·고충을 의미한다. 머니 그리
번스는 돈이나 사람에 대한 불신이나 불안을 가진 사람을 위
한 작업이다. 특히 사람에 대한 불신이 깊으면 도전을 두려
워하거나 비합리적인 선택을 하는 경향이 높아지므로 머니
그리번스를 통해 이를 조속히 개선해 나갈 필요가 있다. 구
체적인 단계는 다음과 같다. 워크시트에 적어 보자.

① 돈이나 사람에게 배신당한 경험과 감정을 적는다.
② 실패에서 교훈을 도출하고 공통점을 찾는다.
③ 현재도 비슷한 상황에 처해 있는지 돌아본다.
④ 왜곡된 머니 스크립트를 찾아낸다.

─ ① 돈이나 사람에게 배신당한 경험과 감정을 적는다
돈이나 사람에게 배신당한 경험과 그때의 감정을 최대한
많이 적어 본다.

[작성 요령]
경험: 자신의 무지함이나 관대함·친절함을 타인에게 이용
당한 경험, 혹은 주변 사람들은 당연히 받는 혜택을 자신만

받지 못했던 경험 등을 적어 본다.

감정: 그 경험을 했을 때 느낀 감정을 적는다. 후회되는 점, 반성할 점도 적어 본다.

[A의 경우]

① **경험**: 투자 사기를 당한 적이 있다.

① **감정**: 투자에 무지했던 사실이 후회스럽다.

② **경험**: 자신이 잘 모르는 분야에서 상대가 터무니없는 금액을 청구했다.

② **감정**: 스스로 잘 알아보지 않은 탓에 과한 돈을 지불했던 사실을 반성한다.

— ② 실패에서 교훈을 도출하고 공통점을 찾는다

과거에 겪은 여러 실패로 얻은 교훈 중에 공통점이 있는지 찾아본다.

[A의 경우]

— 교훈

① **투자 사기**: 이해하지 못하는 분야에 손대는 일은 매우 위험하다. 누군가에게 돈을 맡길 때 잘 알아보지 않으면 사기당하기 쉽다.

② **터무니없는 금액 청구**: 잘 모르는 분야에서 일을 진행할 때는 꼼꼼히 조사하고 전문가와 상담을 받아야 한다. 모르는 상태로 혼자 진행하면 사기당하기 쉽다.

— 교훈의 공통점
① 투자 사기의 경우, 무지한 상태에서 타인에게 돈을 맡겼다 실패를 경험했다.
② 터무니없는 금액을 지불한 경우, 잘 모르는 분야에서 남을 덜컥 믿었다가 실패를 경험했다.
→ '잘 모르는 일을 남에게 맡기면 안 된다'는 공통점을 도출한다.

— ③ 현재도 비슷한 상황에 처해 있는지 돌아본다
교훈의 공통점과 현재 상황을 비교해 보면 같은 실패를 반복할 확률이 줄어든다.

[비교 방법]
교훈의 공통점을 보면서 '과거에 배신당했을 때와 현재 상황이 같은가?'를 냉정히 자문해 본다.

[A의 경우]

— 교훈의 공통점: 자신이 모르는 일을 남에게 맡기면 십 중팔구 실패한다.

— 현재: 현재 어떤 프로젝트의 팀장으로 일하는 중이다. 담당한 프로젝트는 영상 편집이나 디자인 등 내가 잘 모르는 영역의 업무가 있다. 그 업무에 대해 제대로 이해하지 못한 채 부하 직원에게 맡기고 거래처에 발주했다. 과거에 실패했 을 때와 비슷한 상황이다.

④ 왜곡된 머니 스크립트를 찾아낸다

자신의 심리 밑바닥에 자리 잡은 왜곡된 머니 스크립트를 찾아낸다.

[찾는 방법]

• '과거에 실패했음에도 불구하고 왜 다시 비슷한 상황에 처해 있나?'를 생각한다.

• '가난해지는 머니 스크립트 목록'과 대조해 본다.

[A의 경우]

투자 사기를 당한 경험과 터무니없는 청구서를 받은 경험 으로 미루어 보자면, 자존감 부족, 사람에 대한 불신이 내면에 깊이 자리 잡고 있음을 추측해 볼 수 있다. A는 은연중에 사람들을 멀리할 가능성이 크다. 현재 팀장을 맡은 프로젝트에서도 진지하게 업무 의견을 나눌 상대가 없어 과거에 실패했을 때와 비슷한 상황에 놓인 것이다.

→ '가난해지는 머니 스크립트 목록'에서 '투자는 전문가가 하는 것이다', '부자는 인격에 문제가 있다' 등은 자신에 대한 불신, 타인에 대한 불신에 관한 머니 스크립트다. 아마도 A는 이런 머니 스크립트를 가졌다고 짐작된다. 앞으로 살아가면서 '모르는 분야를 무작정 남에게 맡기면 실패한다'는 교훈과 '모르는 것은 스스로 공부하고 남에게 물어보기도 주저하지 않는다'는 교훈을 명심할 필요가 있다.

돈이나 사람에게 배신당한 경험과 감정

(경험) _____

(감정) _____

(경험) _____

(감정) _____

(경험) _____

(감정) _____

(경험) _____

(감정) _____

(교훈)

(교훈의
공통점)

▓ 워크 5 머니 임파워먼트

임파워먼트(empowerment)란 '힘을 준다' 혹은 '용기를 준다'는 뜻이다. 머니 임파워먼트는 긍정적 머니 스크립트가 형성된 요인을 고찰하는 작업이다. 머니 임파워먼트의 장점은 실패해도 낙담하지 않는다는 것이다.

무언가를 실패했을 때 우리를 가장 힘들게 하는 건 실패 자체가 아니다. 실패한 후에 마음이 부정적인 감정으로 가득 차고 자존감이 바닥으로 떨어져 무슨 일에도 선뜻 행동하지 못하게 되는 것이다. 이를테면 당신이 원하는 직장으로 이직하지 못해 연봉 인상에 실패했다고 치자. 부정적인 감정에 사로잡히지 않는다면, 현 직장에서 더욱 노력해 성과를 올려 수입을 늘릴 수도 있고, 시기를 잘 봐서 이직에 재도전할 수도 있다. 머니 임파워먼트 훈련을 해 두면, 실패 이후 부정적인 감정에 발목 잡히는 일이 현저히 줄어든다. 구체적인 단계는 다음과 같다. 워크시트에 적어서 바로 시작해 보자.

① 돈에 대해 성공했던 경험을 떠올린다.
② 그 경험에서 배운 점을 적는다.
③ 배운 것을 참고해 '기준'을 만든다.

236

— ① 돈에 대해 성공했던 경험을 떠올린다

돈에 대해 성공했던 경험을 떠올리며 작성한다.

[작성 포인트]

최소 10개 이상 나열한다. 어린 시절이든 어른이 된 후의 체험이든 상관없다.

[A의 경우]

- 돈을 써서 남을 기쁘게 해줬다. (밥을 사 주었더니 상대방이 기뻐했다)
- 노력한 만큼 금전적으로 보상받았다. (열심히 일해서 보너스를 받았다)
- 돈을 써서 어려운 일을 해냈다. (헬스장에 다니면서 체중을 감량했다)
- 돈을 잘 불렸다. (투자로 이득을 보았다)
- 합리적으로 소비했다. (비싼 물건을 세일로 싸게 구매했다)
- 불필요한 지출을 줄여서 원하는 물건을 샀다.

— ② 그 경험에서 배운 점을 적는다

①의 경험에서 배운 점을 적는다.

[A의 경우]

① 돈을 써서 남을 기쁘게 해 줬다 (밥을 사 주었더니 상대방이
기뻐했다)

함께 식사하러 갈 때 '번갈아 가며 가게를 고르고 가게를
고른 사람이 상대방 식사비까지 계산하기'를 규칙으로 삼는
친구가 있다. 그와는 늘 기분 좋게 식사를 마친다. 반면 다른
친구와 같은 방식으로 식사하러 갔을 때는 상대가 무작정 싼
가게만 고르는 것을 보고 식사가 전혀 즐겁지 않았다. 이 경
험을 통해 '이 사람이라면 돈을 써도 괜찮다'고 여기는 상대
가 아니면 사귀지 않겠다고 마음먹었다. '남에게 돈 쓰기를
아까워하는 사람과는 인간관계를 맺을 필요가 없다'는 것을
배웠다.

② 노력한 만큼 금전적으로 보상받았다 (열심히 일해서 보너
스를 받았다)

업무 성과를 인정받아 보너스를 받았다. 성취의 이면에는
내 노력뿐만 아니라 팀원들의 노력도 존재했다. 팀원들의 결
속력이 떨어지거나 동기부여가 없었다면 성과를 내지 못했
으리라. 이 경험을 통해 '함께 일하는 사람들에 따라 결과가
달라진다'는 것을 배웠다.

— ③ 배운 것을 참고해 '기준'을 만든다

경험에서 배운 것을 분석한다. 공통점을 찾아서 '기준'을 만든다.

[A의 경우]

① 지인과 식사를 즐긴 경험과 ② 일에서 성공한 경험 모두 '함께 하는 사람에 따라 결과가 달라진다'는 공통점이 있다.

→ 도출한 기준: 결국 '사람'이 전부다. 어떤 사람과 함께 하는가에 따라 내가 느낄 행복이 결정된다.

[기준의 활용 방법]

실패한 뒤 다음 행동을 할 때 기준으로 삼는다. 실패 후 행동하지 못하는 것은 기준이 명확하지 않기 때문이다. 머니 임파워먼트로 기준을 세워 두면 실패해도 회복 탄력성이 강해진다.

예: 원하는 직장으로 이직하지 못해 연봉 인상에 실패했지만 다시 일어서려면 '사람'이 중요하다.

→ 현 직장에서 함께 일하는 사람을 소중히 여기고 다음에 이직을 시도할 때는 수입만이 아니라 사람도 고려해서 직장을 선택한다.

머니 임파워먼트 워크시트

(경험) _____

(배움) _____
_____

(경험) _____

(배움) _____
_____

(경험) _____

(배움) _____
_____

(경험) _____

(배움) _____
_____

(경험) _____

(배움) _____
_____

(경험) _____

(배움) _____
_____

(경험) _____

(배움) _____

(경험) _____

(배움) _____

(경험) _____

(배움) _____

(경험) _____

(배움) _____

(분석)

(기준)

※워크시트 분량이 부족하면 복사해서 사용하기 바란다

■ 워크 ⑥ 머니 만트라

만트라(mantra)는 인도에서 전해지는 언어로 '마음을 안정시키는 구호나 주문'을 뜻한다. 한마디로 인생의 가르침이 되는 좌우명이다. 마지막 단계인 머니 만트라는 자기 생각을 깊게 파고들어 새로운 머니 스크립트를 정립하는 작업이다. 구체적인 단계는 다음과 같다. 워크시트에 적어 보자.

① 돈에 대해 부정적 생각을 갖게 된 상황과 그때 느낀 감정을 적는다.
② 감정의 기저에 존재하는 머니 스크립트를 적는다.
③ 해당 머니 스크립트가 자기 삶에 미친 영향을 적는다.
④ '하지만 지금은 …'이라고 덧붙인다.
⑤ 현 상황을 바탕으로 머니 스크립트를 정립해 머니 만트라로 삼는다.

— ① 돈에 대해 부정적 생각을 갖게 된 상황과 그때 느낀 감정을 적는다

돈에 대해 부정적인 생각을 갖게 된 상황과 그때의 감정을 구체적으로 적어 본다.

[작성 포인트]

투자 실패 등 직접적으로 돈에 대해 좌절하거나 친구가 부업으로 돈 버는 모습을 보고 질투한 일 등 돈에 대해 직간접적으로 부정적인 감정을 느꼈던 경험을 떠올린다.

[A의 경우]

목욕을 마치고 집 소파에서 하릴없이 TV를 보고 있는데, 문득 '이렇게 시간을 낭비해도 될까'라는 생각이 들었다. '이럴 시간에 일을 하면 돈을 더 벌 수 있는데…, 이렇게 허송세월하다니 시간이 아깝다'라는 감정이 들었다.

— ② 감정의 기저에 존재하는 머니 스크립트를 적는다

감정의 기저에 존재하는 머니 스크립트를 적고 분석을 덧붙인다.

[작성 포인트]

①에서 적어 낸 감정과 '가난해지는 머니 스크립트 목록'을 대조해 본다. 원인이 될 만한 머니 스크립트를 예측한다. 돈에 대해 부정적인 감정이 솟구칠 때, 그런 감정을 느끼는 배경에 가난해지는 머니 스크립트가 숨어 있다.

[A의 경우]

'돈이 많을수록 행복해진다', '소득을 올려서 인정받고 싶다' 등의 일중독 머니 스크립트를 가지고 있다고 예상된다. 잠재의식 속에 이런 인식이 자리 잡고 있으므로 집에서 느긋하게 쉴 때조차 불안해진다.

— ③ 해당 머니 스크립트가 자기 삶에 미친 영향을 적는다

②에서 부각된 머니 스크립트가 자기 삶에 어떤 장점이 있는지 생각해 본다.

[작성 포인트]

부정적 감정과 연관된 머니 스크립트에도 장점은 없는지 따져본다. 이렇게 하면 사실을 있는 그대로 받아들여서 ④ 단계에서 머니 스크립트를 재정립하기도 한결 수월해진다.

[A의 경우]

'돈이 많을수록 행복해진다', '소득을 올려서 인정받고 싶다'

→ 이 머니 스크립트 덕분에 열심히 노력해서 성과를 냈다. 소득을 올리고자 하는 목표가 명확했기에 어떤 업종에 종사해야 하는지, 그곳에서 무엇을 해야 하는지 구체적으로 판단할 수 있었다. 그 결과 소득이 올라 가정 경계에 보탬이 됐다.

— ④ '그러나 지금은 …'이라고 덧붙인다

③에서 언어화한 장점에 '하지만 지금은 …'을 덧붙인다.

[작성 포인트]

③에서 자신에게 가난해지는 머니 스크립트가 있음을 솔직히 받아들인 후, '하지만 지금은 …'을 덧붙여 객관적으로 현상을 재검토한다. 장단점 모두 파악한 상태에서 자기 마음속에 뿌리내린 머니 스크립트를 수정한다.

[A의 경우]

'돈이 많을수록 행복해진다', '소득을 올려서 인정받고 싶다'는 마음 덕분에 열심히 일해서 성과를 냈다. 그 결과 소득이 올라 가정경제에 보탬이 됐다.

'하지만 지금은 …'

회사에서 나름대로 입지를 다졌고 수입도 어느 정도 확보했다. 현 상황을 객관적으로 보면 지나치게 노동시간이 많다. 그로 인해 가족과 함께 보내는 시간도 줄어들었다.

— ⑤ 현 상황을 바탕으로 머니 스크립트를 정립해 머니 만트라로 삼는다

현 상황을 바탕으로 머니 스크립트를 만들어 자기만의 머니 만트라로 삼는다. 머니 만트라를 돈에 관한 삶의 기준이라고 여기고 꾸준히 실천한다.

[A의 머니 만트라]

'일하는 시간을 대폭 줄이기는 힘들다. 하지만 지금 하는 업무를 신뢰할 만한 사람과 분담할 수는 있다. 그렇게 되면 지금보다 1시간 일찍 퇴근해 가족과 시간을 보낼 수 있다.'

→ 원래 '돈을 더 벌고 싶다'는 욕망이 강했지만 지금은 그 기준을 어느 정도 달성했다. 이런 현실을 감안해, A의 머니 스크립트는 '가족과 함께 보내는 시간을 우선하기'로 수정했다.

이 문장을 삶의 기준으로 삼아 스마트폰 대기 화면에 적어 놓거나 종이로 출력해 늘 보이는 곳에 붙여라. 날마다 문장을 보면서 잊지 않도록 노력하자.

돈에 대해 부정적 생각을
갖게 된 상황과 그때 느낀 감정

_____

_____

_____

_____

_____

_____

_____

감정의 기저에 존재하는
머니 스크립트

_____

_____

_____

_____

_____

_____

_____

머니 스크립트가
자기 삶에 미친 영향

_____

_____

_____

_____

_____

_____

_____

'하지만 지금은…'

_____

_____

_____

_____

_____

_____

_____

당신의 머니 만트라

**머니 만트라는 돈에 대한 행동 지침이 되어
당신이 바라는 인생으로 이끌어 줄 것이다**

맺음말

돈을 모으고 싶은가? 그렇다면 기본 전제가 있다. 올바른 머니 스크립트를 갖는 것이다. 머니 스크립트는 주변 환경의 영향으로 형성되는데, 어린 시절부터 내면화된 탓에 하루아침에 바뀌지 않는다. 그렇다면 당신이 할 일은 두 가지다. 당신에게 잠재된 왜곡된 머니 스크립트를 인지하는 것과 이를 올바른 머니 스크립트로 바꾸는 것!

수많은 사람이 돈을 벌고 싶어 한다. 당신도 예외가 아니리라. 세상에는 돈 버는 요령을 알려 주는 콘텐츠가 넘쳐나지만, 실제로 돈을 잘 버는 사람은 극소수에 불과하다. 왜일까? 왜곡된 머니 스크립트를 바로잡으려 하지 않기 때문이다. 왜곡된 머니 스크립트를 바꾸지 않으면 아무리 돈 버는 방법을 배운들 무용지물이다. 손가락 사이로 빠져나가는 모래알처럼 지식과 정보도 머릿속에서 새 나가고 말 테니까.

생각해 보라. '투자란 전문가가 하는 것'이라는 머니 스크립트가 깊게 자리 잡고 있다면, 아무리 획기적인 투자 방법을 배운다 한들 무슨 소용이 있겠는가.

당신이 부부 관계를 개선하기 위해 값비싼 상담을 받는다 치자. 그런데 당신의 마음속에 '돈 문제는 배우자에게 비밀로 하고 싶다'는 머니 스크립트가 내재화되어 있다면? 아무리 유능한 전문가에게 부부 관계 개선책을 배워도 부부 관계가 좋아질 리 없다. 당신이 돈에 대한 생각을 바꾸지 않는다면 말이다. 쓸데없는 돈과 에너지만 소모될 뿐….

그렇다. 돈을 생각한다는 것은 곧 인생을 생각하는 것이다. 돈에 대한 생각이 달라지면 소중한 사람들과의 관계가 달라지고 인생도 달라진다. 어떤가? 정말 멋지지 않은가!

당신이 이 책을 한 번만 읽어도 돈에 대한 생각이 바뀐다. 하지만 이 책을 여러 번 읽는다면 돈에 대한 올바른 생각이 굳건히 뿌리내릴 것이다.

자, 이제 당신이 실천할 차례다. 돈에 대한 생각을 바꾸고 행복한 인생을 맞이할 준비가 됐는가?!

2023년 8월

멘탈리스트 다이고

참고 문헌

머리말

- 『マネーセンス　人生で一番大切なことを教えてくれる、「富」へ導くお金のカルテ11』, ブラッド・クロンツ(著), テッド・クロンツ(著), 吉田　利子(翻訳) / KADOKAWA
- 『令和2年分民間給与実態統計調査結果について』, 国税庁長官官房企画課
- 『家計の金融行動に関する世論調査(単身世帯調査, 2020)』, 金融広報中央委員会
- https://www.nta.go.jp/publication/statistics/kokuzeicho/minkan1997/menu/08.htm
- https://www.mof.go.jp/policy/budget/topics/futanritsu/20220217.html
- https://www.mof.go.jp/policy/budget/topics/futanritsu/sy202202a.pdf
- https://daigovideolab.jp/play/E7gUbPo3YCVPAeRUHgXe
- https://www.shiruporuto.jp/public/document/container/yoron/sosetai/021/21bunruis001.html

제1장 TEST 머니 스크립트 진단 테스트

- Brad T. Klontz, Psy.D., Sonya L. Britt, Ph.D., Jennifer Mentzer, B.S., Ted Klontz, Ph.D. (2011). Money Beliefs and Financial Behaviors: Development of the Klontz Money Script Inventory. Journal of Financial Therapy, 2(1)

제2장 INPUT 부자가 되는 머니 스크립트 8가지

- 『となりの億万長者―成功を生む7つの法則』, トマス・J・スタンリー(著), ウィリアム・D・ダンコ(著), 斎藤 聖美(翻訳), 早川書房
- 『幸せとお金の経済学』, ロバート・H・フランク(者), 金森 重樹(監訳) / フォレスト出版
- Klontz, B.T., Sullivan, P., Seay, M.C., & Canale, A. (2015). The wealthy: A financial psychological profile. Consulting Psychology Journal: Practice and Research, 67(2), 127-143.
- Bradley T. Klontz et al. (2008). Wired for Wealth: Change the Money Mindsets That Keep You Trapped and Unleash Your Wealth Potential: Health Communications Inc.
- Klontz, B.T., Seay, M.C., Sullivan, P., & Canale, A. (2014). The Psychology of Wealth: Psychological Factors Associated with High Income: Journal of Financial Planning.
- Robert H. Frank (2016). Success and Luck: Good Fortune and the Myth of Meritocracy: Princeton University Press.
- 『GIVE & TAKE「与える人」こそ成功する時代』, アダム・グラント(著), 楠木 建(監訳) / 三笠書房
- 『超決断力―6万人を調査してわかった 迷わない決め方の科学』, メンタリストDaiGo(著) / サンマーク出版

제3장 REWRITING 부자가 되는 머니 스크립트로 바꾸기

- Matz, S. C., & Gladstone, J. J. (2020) Nice guys finish last: When and why agreeableness is associated with economic hardship. Journal of Personality and Social Psychology, 118 (3), 545-561.
- Jeffrey A. Hall (2018). How many hours does it take to make a friend?: Journal of Social and Personal Relationships.
- 『サイコパス 秘められた能力』, ケヴィン・ダットン(著), 小林 由香利(翻訳) / NHK出版

- 『ルーキー・スマート』, リズ・ワイズマン(著), 池村 千秋(訳) / 海と月社

- Rucker, D. D., & Galinsky, A. D. (2008). Desire to acquire: Powerlessness and compensatory consumption. Journal of Consumer Research, 35 (2), 257-267.

- Bellezza, Silvia, Francesca Gino, and Anat Keinan. "The Red Sneakers Effect: Inferring Status and Competence from Signals of Nonconformity." Journal of Consumer Research 41, no. 1 (June 2014): 35-54.

- https://www.ideas42.org/

- 『最短の時間で最大の成果を手に入れる 超効率勉強法』, メンタリスト DaiGo(著) / 学研プラス

- 『マインドセット「やればできる!」の研究』, キャロル・S・ドゥエック(著), 今西 康子(翻訳) / 草思社

- 『人間関係をリセットして自由になる心理学』, メンタリスト DaiGo(著) / 詩想社

- https://www.fsa.go.jp/receipt/soudansitu/

- 『投資で一番大切な20の教え賢い投資家になるための隠れた常識』, ハワード・マークス(著), 貫井佳子(翻訳) / 日本経済新聞出版

- House, J., DeVoe, S. E., & Zhong, C.-B. (2014). Too impatient to smell the roses: Exposure to fast food impedes happiness. Social Psychological and Personality Science, 5 (5), 534-541.

- 『「幸せをお金で買う」5つの授業』, エリザベス・ダン(著), マイケル・ノートン(著), 古川 奈々子(翻訳) KADOKAWA

- 作部成崇(2016)経済的な豊かさと寄付の心理的効用の関連―東日本大震災前後の比較―: 一橋大学大学院社会学研究科

- Michael W. Kraus(2017). Listeners Glean Emotions Better from Voice ―Only Communications: YALE INSIGHTS.

- https://www.apa.org/news/press/releases/stress/

- 『超ストレス解消法』, 鈴木 祐(著) / 鉄人社

- 『ロングゲーム 今、自分にとっていちばん意味のあることをするために』, ドリー・クラーク(著), 桜田 直美(翻訳) / ディスカヴァー・トゥエンティワン

- Canning, E. A., LaCosse, J., Kroeper, K. M., & Murphy, M. C.(2020). Feeling like an imposter: The effect of perceived classroom competition on the daily psychological experiences of first-generation college students. Social Psychological and Personality Science, 11 (5), 647-657.
- 『文庫・スノーボール ウォーレン・バフェット伝(改訂新版)』, アリス・シュローダー(著), 伏見威蕃(翻訳) / 日経BP
- Drazen Prelec and Duncan Simester(2001). Always Leave Home Without It: A Further Investigation of the Credit-Card Effect on Willingness to Pay: Kluwer Academic Publishers. Manufactured in The Netherlands.
- Felipe Kast, Stephan Meier, Dina Pomeranz(2012). Under-Savers Anonymous: Evidence on Self-Help Groups and Peer Pressure as a Savings Commitment Device:SSRN.
- Sonja Lyubomirsky, Laura King, Ed Diener(2005). The Benefits of Frequent Positive Affect: Does Happiness Lead to Success?: Psychological Bulletin, 131(6), 803-855.
- Ashley Whillans(2020). Time Smart: How to Reclaim Your Time and Live a Happier Life: Harvard Business Review Press.
- Oliver Burkeman(2013). The Antidote: Happiness for People Who Can't Stand Positive Thinking: Farrar, Straus and Giroux.
- Shinya Kajitani, Colin McKenzie, Kei Sakata(2017). Use It Too Much and Lose It? The Effect of Working Hours on Cognitive Ability: Melbourne Institute Working Paper No. 7/16.
- Prof Mika Kivimäki, PhD, ⋯ Marianna Virtanen, Phd(2015). Long working hours and risk of coronary heart disease and stroke: a systematic review and meta-analysis of published and unpublished data for 603 838 individuals: The Lancet, 386(10005), 1739-1746.
- http://www.hilife.or.jp/pdf/200504.pdf

돈의 심리 완전정복

2024년 3월 10일 초판 1쇄 인쇄
2024년 3월 15일 초판 1쇄 발행

지은이 멘탈리스트 다이고
옮긴이 나지윤
펴낸이 류현석

펴낸곳 21세기문화원
등 록 2000.3.9 제2000-000018호
주 소 서울 성북구 북악산로1길 10
전 화 923-8611
팩 스 923-8622
이메일 21_book@naver.com

ISBN 979-11-92533-10-0 03190

값 17,000원